Comprehensive

IGBO LANGUAGE

A Contemporary Guide for Beginners and Intermediate Learners

Elisha O. Ogbonna

Comprehensive Igbo Language by Elisha O. Ogbonna

This book is written to provide educational and Igbo language learning information for beginners and intermediate learners.

Copyright © 2020 by Elisha O. Ogbonna

All rights reserved. No part of this book may be reproduced in any form, or by any means, electronic or mechanical, including, but not limited to, recording, photocopying, taking screenshots of parts of the book or any information browsing, storage, or retrieval system, without prior written permission from the author or the publisher.

ISBN:
978-1-7772771-2-3 (Hardcover)
978-1-7772771-0-9 (Paperback)
978-1-7772771-1-6 (eBook)
978-1-7772771-3-0 (Audiobook)

Produced by:

Prinoelio Press
For Igbo Learning Hub
E-mail: Igbolearninghub@gmail.com
https://www.Igbo learninghub.com

Comprehensive Igbo Language

*A Contempoorary Guide for Beginners
and Intermediate Learners*

Please complete the following:

This book belongs to:

_____

My reason(s) for buying this book

_____

_____

_____

My goals in this Igbo Learning journey:

_____

_____

_____

My weekly target in this Igbo Learning journey:

_____

_____

Table of Contents

Brief History about Igbo language
Guide to Pronunciation

Chapter One:
Igbo Alphabet (Mkpụrụ edemede)
1.1. Letters of the Alphabet 17
1.2. Vowels and consonants 18
1.3 Vowel Harmony 19
1.4 Vowel Assimilation and Elision 21
1.5 Consonant Elision 24
1.6 Pseudo/Nasalized Vowel 25
1.7 Tonal Marking 25
Exercise

Chapter Two:
Simple conversation
2.1 Basic Greetings 33
2.2 Introduction 34
2.3 Conversation 35
2.4 Asking for help, direction and questions 38
2.5 Wishes and congratulatory message 40
2.6 Making and receiving calls 41
2.7 Appreciation, admiration and feelings 42
Exercise

Chapter Three:
Parts of Speech (Nkejiasụsụ Igbo)
3.1 Noun 47
3.2 Pronoun 49
3.3 Verbs 53

3.4 Conjunction 56
3.5 Adjective 57
3.6 Adverb 58
3.7 Preposition 59
3.8 Interjection 61
Exercise

Chapter Four:
Tenses (Tensị)
4.1 Tense (base forms) 69
4.2 Simple present tense 71
4.3 Present continuous tense 74
4.4 Present perfect tense 76
4.5 Past tense 77
4.6 Past continuous tense 79
4.7 Past perfect tense 80
4.8 Future tense 82
4.9 Future continuous tense 83
4.10 Affixes 84
4:11 Negation 87
Exercise

Chapter Five:
Punctuation (Akara Edemede)
5.1 Full-stop 95
5.2 Comma 96
5.3 Question Marks 96
5.4 Semi-colon 96
5.5 Colon 97
5.6 Apostrophe 97
5.7 Hyphen 98

5.8 Quotation Marks 98
5.9 Parentheses 98
5.10 Exclamation Mark 99
5.11 Slash 99
5.12 Ellipsis 100
Exercise

Chapter Six:
Word, Opposite and Plural
6.1 Word and Opposite 105
6.2 Singular and Plural 109
6.3 Comparative adjective 118
6.4 Superlative adjective 123
6.5 Uses of "na" in Igbo language 125
Exercise

Chapter Seven:
Numbers, Dates and Time
7.1 Cardinal, Ordinal and Collective numerals 135
7.2 Days and Time 139
7.3 Foodand Market days 141
Exercise

Chapter Eight:
Nature, Shapes and Colours (Ọdịdị na Agba)
8.1 Nature and Weather 147
8.2 shapes 148
8.3 colours 150
Exercise

Chapter Nine:
Body, Dressing and Things
9.1 Parts of human body 153

9.2 Fashion and dressing ....…..154
9.3 Object and things ....…156
Exercise

Chapter Ten:
Animals, Bird and Insects (Aha Anu di iche iche)
10.1 domestic animals 161
10.2 wild animals 162
10.3 amphibians 164
10.4 birds 164
10.5 Insects and Worms 165
10.6 The Gender of some animals 165
Exercise

Chapter Eleven:
Institution (Ewumewu)
11.1 Family 169
11.2 Home, Home Items and Activity 172
11.3 School 175
11.4 Health and Wellness 176
11.5 Traditional Government 179
Exercise

Chapter Twelve:
Events Travel and Lifestyle (Ejirimara na Ọrụaka)
12.1 Place, Travel and Location 185
12.2 Career and Occupation...188
Exercise
Index 193

Brief History about Igbo Language

Igbo language traditional known as Asụsụ Igbo one of the largest languages of West Africa, is spoken by about 27 million people in the world. It is made up of over 20 dialects, though there has been an overall reduction in the variation or diversity of features in one or more dialects due to migration that led to assimilation, mixture, and merging of certain dialects, often by language standardization. This standardization appears to be dynamics with urban migration, business transaction and school education. Igbo dialect speaking people who moved to cities where central Igbo are spoken often adopted by learning to speak more of central Igbo language. Igbo is the principal native language of Igbo people, an ethnic group in West Africa. Research shows that Igbo language is also spoken by Benue-Congo group of the Niger-Congo language family.

A standard literary language was developed in 1972 based on the Owerri (Isuama) and Ụmụahịa (such as Ọhụhụ) dialects, though it omits the nasalization and aspiration of those varieties. Other Igbo speaking communities can be found in Brazil, Jamaica, USA, Bahamas, Trinidad and Tobago, Sierra Leone, and Ghana.

The first book to publish Igbo words was History of the Mission of the Evangelical Brothers in the Caribbean (German: Geschichte der Mission der Evangelischen Brüder auf den Carabischen Inseln), which was published in 1777. Samuel Ajayi Crowther, a Yoruba priest, assisted by a young Igbo interpreter named Simon Jonas, produced a primer for the Igbo language in 1857 following the British Niger Expeditions of 1854 and 1857.

The language was standardized in church usage by the Union Ibo Bible (1916), shortly after completion Thomas John Dennis died in a shipping accident off the Welsh coast, but the Bible manuscript he was working on was reportedly washed ashore and found by a fisherman.

Central Igbo, the dialect form gaining widest acceptance, is based on the dialects of two members of the Ezinifite group of Igbo in Central Owerri Province between the towns of Owerri and Umuahia in Eastern Nigeria. It was gradually accepted by missionaries, writers, and publishers across the region from its proposal as a literary form in 1939 by Dr. Ida C. Ward,. In 1972, the Society for Promoting Igbo Language and Culture (SPILC), a nationalist organization which saw Central Igbo as an imperialist exercise, set up a Standardization Committee to extend Central Igbo to be a more inclusive language. Standard Igbo aims to cross-pollinate Central Igbo with words from Igbo dialects from outside the "Central" areas, and with the adoption of loan words.[1]

The selected committee, chaired by Dr. S. E. Onwu, met at Owerri on Aug. 25, 1953 to evolve and compromise orthography. The four phonetic symbols in the new orthography were removed, but the suggestion to replace them with diacritical marks was rejected. All parties except SPILC were either satisfied or no longer interested in contesting the issue.

---

[1] Wikipedia (accessed 2020, May 25, 2020) Igbo Language Retrieved from Wikipedia: https://en.wikipedia.org/wiki/Igbo_language

The eleven members of the Onwu Committee met on Sept. 13, 1961 at the W.T.C., Enugu. The Minister of Education warned them to reconsider use of diacritical marks, in line with SPILC recommendations. They produced a pacifying orthography using diacritical marks to distinguish "light" and "heavy' vowels which, with other recommendations, brought to an end the 32-year-old controversy. All parties were satisfied andthe Official Igbo Orthography, as recommended by the Onwu Committee, in 1961 became the central Igbo language.

In June 1962, the Government ordered all school principals to see that all tutors and students acquainted themselves with the official orthography. Everyone must use it, henceforth, in the teaching and studying of the language.[2]

---

[2]Frances W. Pritchett,*A History of the Igbo Language*from Columbia University education http://www.columbia.edu/itc/mealac/pritchett/00fwp/igbo/igbohistory.html

Guide to Pronunciation

Igbo language pronunciation is a reflection of spelling and tonal markings. The pronunciation of each letter is subject to have precise and consistent rules of identifying the sound associated with that particular letter. Words are pronounced by adding together the sounds of each individual letter.

Vowels

Letter	Pronounced like	Examples
a	the *a* in apple and again	aka, akpa, Amerika
e	the *e* in essay and eternal	ekwe, eke, egbe
I	the *i* in elise and *e* in easy	igbe, ikpere, imi
ị	the *i* in iguana and *i* in inch	ịgba, ịchafụ, ịsha
o	the *o* in orange and owner	okwe, oke, okwu
ọ	the *or* in organ and corn	ọka, ọkwa, ọma
u	the *u* in rule and *oo* in tool	ukwe, ukwu, ugo
ụ	the *u* in furrow and church	ụkwa, ụka, ụgba

Diagraphs

Letter	Pronounced like	Examples
ch	the *ch* in ouch and chum	ọcha, chukwu, ichie
gb	the *gb* is a linguistic letter	gbanye, ịgba, agbo
gh	the *gh* is a linguistic letter	aghara, agha, ghọta
gw	the *gui* in linguine	gwongworo, egwu
kp	the *kp* is a linguistic letter	ekpere, ikpere, Akpa
kw	the *que* in queenie	ekwe, akwa, okwa
nw	the *w* in winter	enwe, anwụ, onwụ
ny	the *ny* in new (BrE)	anya, anyanwu, enyi
sh	the *sh* in shampoo	isha, ọsha, ashiri

The pronunciation of diagraphs like gb, gh, and kp, whose English phonetic equivalent I could not provide, may be learned by listening to the sound of their pronunciations from my audiobook. You may also ask a proficient Igbo language speaker to help you with them.

Other consonants sound

Letter	Pronounced like	Examples
b	the *b* in bitter	ọbịa, ọbara, bọọlụ
d	the *d* in dig	ụdara, ọdachi, dabanye
f	the *f* in fish and fire	fọdụrụ, fopu, fecha
g	the *g* in give and gate	gaa, ụgụrụ, gawa
h	the *h* in heat and height	ọha, hapụ, ohụrụ
j	the *j* in jam and jean	jụrụ, jaachi, juputara
k	the *k* in kernel and keep	kedụ, onyeka, kasara
l	the *l* in latch and lean	laawa, lee, leta
m	the *m* in milk and mean	maka, mụrụ, ọmụmụ
n	the *n* in never and now	nọrọ, ọnọdụ, nnụnnụ
ṅ	the *ng* in strong and song	aṅụrị, aṅụ, ọṅu
p	the *p* in pillar and party	pụrụ, pụta, oporo
r	the *r* in reach and rain	racha, rụrụ, rịe, họrọ
s	the *s* in salt, self and sight	soro, sịrị, jisịke
t	the *t* in tea and attach	taa, teta, tinye
v	the *v* in invite and vent	mvo isi, nwanvo
w	the *wea* in weather	kụwaa, were, wụrụ
y	the *y* in year and yield	yịri, ya, yọro,
z	the *z* in zebra and zion	zara, zụru, zoro

Tonal Accent Marks

Igbo language is a tonal language with three distinctive tones, the high, mid and low. The following are the list of Igbo alphabets with their tonal accent marks. They are shown both in capital and small letters.

Tonal Marking (Diacritics)

Tonal marking, also referred to as diacritical marks, are extra symbols that are placed above or below a letter to modify the pronunciation or to clarify the meaning of a word. Their usage in Igbo language could in the following

Examples:

Letter	Acute (High tone)	Macron (Mid tone)	Grave (Low tone)
a	Á á	Ā ā	À à

Examples:
ákwá - cry   [high tone – high tone]
àkwá - egg   [low tone – high tone]

Here are five tips that should help you perfect your pronunciation of words in Igbo language:

1. Begin with learning the alphabet's sounds.
2. Practice as many times as you can.
3. Try pronouncing three lettered words starting from break the Igbo word down into sounds: Example, [a] + [k] + [a] = aka and so on.
4. Say it out loud and exaggerate the sounds until you can consistently produce them.
5. If possible, record yourself saying the word in full sentences, then watch yourself and listen.

According to Greg Thomson, "The only way to begin speaking a new language is to begin speaking badly."

Chapter One

Igbo Alphabet (Mkpụrụedemede)

1.1 Letters of Igbo Alphabet

There are thirty-six letters in Igbo alphabet. Igbo alphabet is called in Igbo language Abịịdịị Igbo. The Abịịdịị Igbo used in this book is from Igbo Izugbe which is the central Igbo from Mazị Ọnwụ Committee. It has two forms: capital and small letters. See examples below.

Akara ukwu (capital letter):

A   B   CH D   E   F   G   GB GH GW H   I
Ị   J K   KP KW L   M   N   Ṅ   NW NY O
Ọ   P   R   S   SH T   U   Ụ   V   W   Y   Z

Akara nta (small letter)

a b ch d e f g gb gh gw h i ị j k kp
kw l m n ṅ nw ny o ọ p r s sh t u
ụ v w y z

Igbo Alphabet and Their Inclusive Words

A	Aka (Hand)	M	Mmiri (Water)
B	Boolu (Ball)	N	Nkịta (dog)
CH	Chịnchị (Bedbug)	Ṅ	Nụọ (Drink)
D	Dee (Write)	NW	Nwa (Baby)
E	Enyi (Elephant)	NY	Nye (Give)
F	Fe (fly)	O	Osisi (Tree)
G	Gụọ (read)	Ọ	Ọka (Corn)
GB	Gbanye (Pour)	P	Pọpọ (Papaya)
GH	Ghe (fry)	R	Rie (eat)
GW	Gwa (Tell)	S	Saa (Wash)
H	Hụọ (Roast)	SH	Ịsha (Crab)
I	Ite (Pot)	T	Torotoro (Turkey)
Ị	Ịgba (Drum)	U	Unere (Banana)
J	Ji (Yam)	Ụ	Ụlọ (House)
K	Iko (Cup)	V	Mvọ isi (Comb)
KP	Kpakpando (Star)	W	Kụwaa (Break)
KW	Kwụọ (Grind)	Y	Ịnyịnya (Horse)
L	Leta (Letter)	Z	Azịza (Broom)

1.2 Vowels and Consonants

Divisions of Alphabet (Nkeji nke Abiidii Igbo dị ụzọ abụọ):

1. Ụdaụme (vowel)
2. Mgbochiume (consonants)

UDAUME (Vowels)

Ụdaụme (Vowels): Unlike English language, there are eight vowels that make up the Igbo vowels. The letters that make up the Igbo vowels are:

a   e   i   o   u   ị   ọ   ụ

Igbo vowels are divided into Ụdamfe (Light vowels) and Ụdaarọ (Heavy vowels):

ỤDAMFE (Light Vowel):   e   i   o   u

ỤDAARỌ (Heavy Vowel):   a   ị   ọ   ụ

Ụdamfe (Light vowels) are vowels that does not have dot under its letter and includes the letter 'e'; on the other hand, Ụdaarọ (Heavy vowels) are vowels with dot under its letter and include 'a'.

ỤDAMFE (Light Vowel):   e   i   o   u

ỤDAARỌ (Heavy Vowel):   a   ị   ọ   ụ

1.3 Vowel Harmony
(Ndakọrịta udaume Igbo)

Vowel harmony applies to heavy and light vowels syllabic combination in words. It is a form of grammatical rule that

Ụdamfe (Light vowels) usually consist of vowels of its own syllables (such as e, i, o and u) in a worḍ. They do not combine with Ụdaarọ (heavy vowel: a, ị, ọ and ụ) unless it is a compound verb or word.

Translation to Igbo
Ụdamfe na ụdaarọ anaghi anoko onụ na otu mkpụrụ okwu. O bụrụ na ụdamfe di na mkpụrụ okwu ọ bụ nani mkpuru uda ya puru ịdị na mkpụrụ okwu ahụ na otu aka ahu ka ọ dị kwa na ụdaarọ. Nke a ka anakpọ iwu na achị ụdamfe na ụdaarọ.

Ọmụmaatụ:
Ụdamfe: Osisi (Tree), Iko (cup), Ukwe (song) etc.
Ụdaarọ:Ụlọ (house). Ụka (church), Ọka (corn)etc.

MGBOCHIUME (Consonants)

Mgbochiume (Consonants): there are twenty-eight consonants in Igbo Alphabet. The letters that make up the consonanats in Igbo alphabet are:

b	ch	d	f	g	gb	gh	gw
h	j	k	kp	kw	l	m	n
ṅ	nw	ny	p	r	s	sh	t
v	w	y	z.				

The Igbo consonants are divided into two, namely mgbochiume mgị (ordinary consonants), and Mgbochiume mkpi (diagraphs).

A. Mgbochiume mgị (consonant of "gị" sound): These are consonants that are not Mgbochiume mkpi (diagraphs). There are nineteen letters that make up the consonant of "gị" sound which are:

b	d	f	g	h	j	k	l
m	n	ṅ	p	r	s	t	v
w	y	z.					

B. Mgbochiume mkpị (Diagraphs): These are consonants that are comprised of combination of two consonants letters. There are nine digraphs in Igbo alphabet. These are:

ch   gb   gh   gw   kp   kw   nw   ny   sh

It is of great importance to always remember that despite digraphs such as ch, gh, gb, kp, kw, and sh, do not count as double consonants and pronounced as a single sound.

1.4 Vowel Assimilation and Vowel Elision

Assimilation is a sound change, where some phonemes (typically consonants or vowels) change to more similar other nearby sounds. This happens during pronunciation, especially, when someone takes the path of fewer obstacles. For examples:

    I don't know   /I duno/
    Camera   /kamra/

And this omission is often indicated in print by an apostrophe. For example: 'fish 'n' chips'.

Vowel Asimilation (Olilo udaume): is the phenomenon by which the two vowels of two words sitting beside each other harmonizes and pronounce with one sound as though it was one vowel present in those compound words.

Igbo translation: *Olilo ụdaume bụ otu ụdaume si eme ka udaume nodebere ya yie ya na mkpọpụta mkpụrụokwu abụọ nọdebere onwe ha.*

Examples:
English	Igbo (Normal)	Asimilation
Boss/Leader	Onye + isi	onyiisi
Strong hand	Aka + ike	akiike
Welldone	jisi + ike	jiisike

During Vowel Asimilation, two words that have two vowels letter sitting beside each other experiences a dropping of one: the condition is that the vowel which is "stronger" (greater pitch sound) will overide the sound pronunciation the "weaker" (lower pitch sound) vowel sound before it.

Progressive Assimilation (Olilo Ihu):
Forward dropping happens when the first word ending vowel pitch overides the second word first vowel, thereby replacing the vowel with its own vowel. It is uncommon to notice progressive assimiliation unlike regressive assimiliation.

Igbo translation: *A na-enwe olilo ihu mgbe nke mbụ gara n'ihu loo ụdaume dị n'okwu nke abụọ we me onwe ka ọ bụrụ ụdaime ahụ.*

Compound word	Igbo (Normal)	Pronunciation
eju a	eju a	eju u
ekwe a	ekwe a	ekwe e
oge a	oge a	oge e
elu a	elu a	elu u
esu a	esu a	esu u
nzu a	nzu a	nzu u
obe a	obe a	obe e
ogbe a	Ogbe a	ogbe e

Regressive Assimilation (Olilo Azụ):

Forward dropping happens when the first vowel of the second outrides the sound pitchword of the first ending vowel pitch.

Igbo translation: *A na-enwe olilo azụ mgbe ụdaume bidoro okwu nke abụọ loo mkpụrụokwu kwwụsịrị ụdaume nke mbụ.*

Compound word	Igbo (Normal)	Pronunciation
nwa + eke	nwaeke	nweke
oke + anu	okeanu	okanu
anya + ukwu	anyaukwu	anyukwu
ada + obi	adaobi	adobi
uso + ekwu	usoekwu	usekwu
di + ike	diike	dike
Di + ibia	diibịa	dibịa

Vowel Elision (Ndapụ Ụdaume)
Vowel Elision is the omission of a vowel sound (a phoneme) in speech. Vowel elision often occurs in the Igbo compound words. Vowel elision happens when compound words with vowel ending and beginning siting side by side are spoken together faster than normal.

Igbo translation: *Ndapụ ụdaume bụ ọpụpụ otu ọdaume na mkpọpụta ụdaume abụọ nọkọtara ọnọ.*

The following are examples of elision of vowels that affect syllables because of the same pitch level they have. This is referred to as diachronic elision because it has affected two words.

English	*Igbo (Normal)*		*Dropping*
Male/man	nwa + oke		*nwoke*
Strong man	di + ike	*dike*	
Stove	uso + ekwu		usekwu
Doctor	Di + ibia		*dibia*

1.5 Consonant Elision (Ndapu Mgbochiume)
Consonant Elision is the omission of one or more consonant sound (a phoneme) in speech. Consonant elision often occurs in the Igbo words with multiple consonant sounds. Consonant is heard, when these words with one or more consonants sounds, are spoken faster than normal. For example:
Hand bag drops (asimilates) the consonant letter /d/ when pronounced faster as *hanbag*.

Ndapu mgbochiume bụ oge arapulu itinye mgbochiume ebe o kwersi idi maka na i na-akpoputa ya osiso.

English	Normal	Elision
Suffering	Afụfụ	Aụfụ
question	Ajụjụ	Aụjụ
Story	Akụkọ	Aụkọ
Side	Akụkụ	Aụkụ
Book	Akwụkwọ	Aụkwọ
Prophesy	Amụma	Aụma
Broom	Azịza	Aịza
Dress code	Ejije	Eije
Tree	Osiso	Oiso
Belief/Faith	Okwukwe	Oukwe
Chicken	Ọkụkọ	Ọụkọ
Morning	Ụtụtụ	Ụụtụ

1.6 Pseudo/Nasalized Vowels

Myiriudaume (semi-vowel, pseudo-vowels or nasalized vowel): These are consonants that are pronounced in similar manner in which vowels are pronounced. There are two letters that make up mgbochiume (nasalized vowels) and they are:

        m   and   n

The Myiriudaume (nasalized vowels) function like vowels in the words with them. Note that you cannot treat "n" as a nasalized vowel when it is in the form of diagraph, for examples: ny, nw, or ñ.

    ńnà   -   father
    ńné   -   mother
    ḿmā -   good/beautiful

ḿmà   -   knife

1.7 Tonal Accent Marks (Diacritics)

Tone is a pitch accent. It is used in Igbo language to show the different meaning of words though they are spelt the same. Tone performs syllabic stress and semantic function in Igbo language.

Tonal marking, also referred to as diacritical marks, are extra symbols that are placed above or below a letter to modify the pronunciation or clarify the meaning of a word. In pronunciation, tone distinguishes pitch level of a syllable. Their usage in Igbo language could in the following examples:

Letter	Acute (High tone)	Macron (Mid tone)	Grave (Low tone)
a	Á á	Ā ā	À à
e	É é	Ē ē	È è
I	Í í	Ī ī	Ì ì
ị	Ị́ ị́	Ị̄ ị̄	Ị̀ ị̀
o	Ó ó	Ō ō	Ò ò
ọ	Ọ́ ọ́	Ọ̄ ọ̄	Ọ̀ ọ̀
u	Ú ú	Ū ū	Ù ù
ụ	Ụ́ ụ́	Ụ̄ ụ̄	Ụ̀ ụ̀
m	Ḿ ḿ	M̄ m̄	M̀ m̀
n	Ń ń	N̄ n̄	Ǹ ǹ

ákwá   -   cry   [high tone – high tone]
àkwá   -   egg   [low tone – high tone]
àkwà   -   bridge/bed   [low tone – low tone]
ákwà   -   cloth   [high tone – low tone]

ísí	-	head	[high tone – high tone]
ìsì	-	blindness	[low tone – low tone]
ísì	-	smell	[high tone – low tone]
ìsí	-	to cook	[low tone – high tone]
óké	-	male	[high tone – high tone]
òkè	-	portion	[low tone – low tone]
ókè	-	boundary	[high tone – low tone]
òké	-	rat/mouse	[low tone – high tone]
ńnà	-	father	[high tone – low tone]
ńné	-	mother	[high tone – high tone]
ḿmā	-	good	[high tone – mid tone]
ḿmà	-	knife	[high tone – low tone]

When "m" and "n" function as nasalized or pseudo-vowels in Igbo language, it means they can be expressed with tonal markings like other vowels. Therefore, they are pronounced with high, mid or low tones.

In Igbo grammar two consonants cannot follow each other unlike other languages where consonant clusters exist. As a result, "m" or "n" sitting in front of another consonant are given tonal marking which makes it to function as a pseudo vowel.

Examples:

ńnà	–	father [Acute – Grave]
ńné	–	mother [Acute – Accent]

ḿmā   –   good [Acute – Macron]
ḿmà   –   knife [Acute – Grave]

If a word ends with a vowel sound, and the word after it begins with a vowel sound, then the later word with "stronger" vowel swallows the "weaker" vowel sound/the vowel sound before it.

Also, Tonal marking help to distinguish the disambiguate phrases, clauses and sentences that are otherwise similar in written expressions.

For example:

Ọ dị mmā.
It is good. (Declarative)

Ọ dị mmā?
Is it good? (Interrogative)

Ọ dị mmā
If it is good (Conditional)

EXERCISE
1. There are thrity-six letters of Igbo Alphabet
   (a). How many letters are consonants? _____
   (b). How many letters are vowels? _____
   (c). How many letters are diagraphs? _____

2. Explain the following terms:
   (a). Vowel harmony (ndakọrịta udaurne)

   _____
   _____
   _____

   (b). Vowel Asimilation (Olilo udaume)

   _____
   _____
   _____

   (c). Consonant Elision (Ndapụ mgbochiume)

   _____
   _____
   _____

3. Give three examples each of the following.
   (a). Vowel harmony (ndakọrịta udaurne)

   _____
   _____
   _____

(b). Progressive Asimilation (Olilo ihu)

_____
_____
_____

(c). Regressive Asimilation (Olilo Azụ)

_____
_____
_____

4. Define the following term
(a) Nasalized or pseudo vowel

_____
_____
_____

(b) Tone marking

_____
_____
_____

5. Give three examples of Nasalized vowel

_____
_____
_____

6. Provide two different meanings each in the following words using tone marking.
(a). oke _____
(b). akwa _____
(c). isi _____

7. Give three examples of vowel Assimilation
_____
_____
_____

8. Explain the following terms:
(a). Light vowel (udamfe)
_____
_____
_____

(b). Heavy vowel (udaaru)
_____
_____
_____

(c). Consonant (Mgbochiume)
_____
_____
_____

9. Give three examples of each of following.
(a). Light vowel (udamfe)   _____
(b). Heavy vowel (udaaru)   _____
(c). Consonant (Mgbochiume) _____

10. How many Igbo letters are in the following words?
(a). Nnekwu   _____
(b). Inyiya   _____
(c). Mkpi   _____
(d). Icheku   _____
(e). Nduru   _____
(f). Ewii   _____
(g). Ebule   _____
(h). Aturu   _____
(i). Torotoro   _____
(j). Ogwumuagana   _____

Chapter Two

Simple Conversation (Mkparịta Ụka)

2.1 Basic Greetings

English	Igbo language
Hello	Ndeewo
Welcome	Nnọọ
Well-done	Dalụ
Come	Bịa
Go	Ga/gawa
How are you?	Kedu ka I mere?
I'm good/fine	Adị m mma
Thank you	I mela
Is everything Ok?	Ihe niile ọ dikwa mma
Yes (all is well)	Ee (Ọ dị mma)
Not too bad/No problem	Nsogbu adịghị.
Please to meet you	Obi di m ụtọ ịhụ gị.
Very pleased to meet you	Obi na-atọ ezigbo ụtọ ịhụ gị.
Good morning!	Ụtụtụ-ọma
Good afternoon!	Ehihe ọma

English	Igbo
Good evening!	Mgbede ọma
Good night!	Abaliọma/ka chi foo
May daybreak	Kachi bụọ
Goodbye	ka emesia/ ka ọ dị
See you later	ka emesia
See you soon	Anyi ga-ahụ mgbe ọzọ.
See you next time	ka ọ dị mgbe ọzọ.
Yes	Ee
No	mba/Eh Ee
Please	Biko
Thank you very much	I mela nke ukwu

2.2. Introduction (Nkowa onwe)

English	Igbo language
My name is …………	Aha m bụ ………
What is your name?	Gịnị bụ aha gị?
This is ……………………	Lee … / Onye a …
Where are you from?	Ebee ka i si?
I hail from …	Abụ m onye obodo …
I'm from…	Esi m na …
Pleased to meet you	Ọ dị m obi ụtọ izute gị
see you later	Ka ọ dị
My wife	nwunye m
My husband	di m
My girlfriend	enyi m nwanyi
My boyfriend	enyi m nwoke
My friend	enyi m
Do you speak English?	I na-asụ bekee/oyibo?
I am learning Igbo language	Ana m amụ asụsụ Igbo

I am English	Abụ m onye bekee/oyibo
I am Igbo	Abụ nwa afọ Igbo.
I am from England	Abụ m onye mba England.
I am from USA	Abụ m onye mba USA.
I am Australia	Abụ m onye mba Australia.
I am from Igbo	Esi m obodo ndị Igbo.
Where are you from?	Kedụ ebe I si?
In England	na mba England
In Igbo	na mba Igbo
I am from London	Esi m obodo London.
Sorry!	Ndo
I am sorry	Enwela iwe
Excuse me	Ka m kwu o/Ka m gafee.
Thank you	Dalụ or I mela.
I don't understand	I aghọtaghị m
You	Gị
I	Mụ
He/She	O/Ọ
What do you do?	Kedụ ihe Ị na-eme?
What is your occupation?	Kedụọrụ aka gị?
I am a lawyer	Abụ m onye Ọka iwu.
I am a doctor	Abụ m Dọkịta
I am a student	Abụ m nwata akwụkwọ
I am unemployed at the moment.	Enweghi m ọrụ aka ugbu a.

2.3 Conversation (Mkparita uka)

English	Igbo language
Hello	Ndeewo
How?	Kedụ
How are you?	Kedụ?Kedụ ka ịmere?
Hi	Kedụ
What's your name?	Gịnị bụ aha gị? Kedụ aha gị?
I'm good, thanks	Adị m mma, imela
And you?	gịwa kwanụ?
Do you speak (English/Igbo)?	Ị na-asụ bekee (oyibo)/Igbo?
A little bit	nwa obere/obere
How old are you?	Afọ ole ka Ị dị?
I'm 50 years old	Adị m afọ iri ise
What do you think?	Gịnị ka ị chere?
I don't understand	Aghọtaghị m
I don't know	Amaghị m
I know	Ama m.
Don't be angry.	Enwela iwe
Sorry	Ndo
Where are you from?	Kedụ ebe ị si?
I'm from the U.S.	Esi m mba (obodo) U.S.
I'm American	Abụ m onye Amerika
I'm ok! I'm fine.	Adị m mma
Did you have a good sleep?	I hikwara ụra nkeọma?
I have been busy all day	Eji m ihe n'aka kemgbe ụtụtụ.
Long time no see	Anya! Anya gị
See you tomorrow	Ka ọ dị echi

Good luck	Ihe ọma mere gị
May it be well with you	Ya dịrị gị na mma
Have a nice day!	Nwee ọmarịcha ụbọchị!
Enjoy your meal	Rie nke ọma/Kporie ndụ
Safe journey!	Ije ọma
Do you understand?	Ị ghọtara?
I understand	A ghọtara m
I don't understand	A ghọtaghị m
I don't know	A ghọtaghị m
Please, speak more slowly	Biko, jiri nwayo kwuo okwu
Please, say that again	Biko, kwuo ihe i kwuru ozo
Please, write it down	Biko, detuo ya ala
Do you speak English?	Ị na asụ Bekee?
Do you speak Igbo?	Ị na-asụ Igbo?
Yes, I speak a little	Ana m asụ nwa obere Igbo
Say it to me in Igbo	Gwa m ya na-asụsụ Igbo
How do you say… in Igbo?	Kedụ ihe anakpo … na-asụsụ Igbo?
Please, wait	Biko, cheretu
Pardon me	Biko, enwela iwe
How much is this?	Ego ole ka ihe a bụ?
Forgive me!	Gbaghara m
Interesting story/gist	Akuko na-atọụtọ
In case of eventualities	Maka adi ama ama
Please	Biko
Where is the toilet?	Ke ebe mkpochi di?
He will pay for everything	Ọ ga-akwụ ụgwọ ihe niile
Would you like to dance?	Ị chọrọ ịgba egwu?

English	Igbo
Get well soon	Gbakee ngwa ngwa
Go away!	Puo ebe a!
Leave me alone	Hapụ m aka!
Help!	Nyere m aka
Fire!	Ọkụ!
Stop!	Kwụsi!
Call the police!	Kpọọ ndị uwe ojii!
Take it easy	Were ya nwayọọ
Oh! My God	Chineke mee.
God of creation	Chukwu Okike

2.4 Asking for help, direction and Questions

English	*Igbo language*
Can you give me a hand with this?	I were ike I nyere m aka.
Could you help me for a second?	I were ike I nyetụrụ m aka.
Can I ask a favour?	E nwere ike Ị rio gị enyemaka?
I wonder if you could help me with this?	Amaghi m ka I were ike I nyere m aka na ihe a?
I could do with some help, please.	Achọtụrụ m enyemaka, biko
I can't manage, can you help?	Apughi m ime ya n'onwe m. I were ike I nyere m aka.
Give me a hand with this, will you?	Nyere m aka, ọ masịrị gị
Lend me a hand with this, will you?	Nyere m aka n'ihe, I ga-chọ?
Could you spare a moment?	I were ike I hapụ ihe I na-me na obere oge.

English	Igbo
I need some help, please.	Achọrọ enyemaka, biko.
Do you have a free time on/at (day/date/time)?	I nwere oghere na (ubochi/oge)
Do you know anything about…?	Enwere ihe Ị ma gbasara …?
I am having a problem with…	Enwere nsogbu na _____
Do you think you can help me?	I chere, I pụrụ I nyere m aka?
If you don't mind, I could really use your assistance with…?	Ọ bụrụna I chọ, Achọrọ ka I ka I nyere m aka ime …
If you don't mind, I really you help with ____.	Ọ bụrụ na Ọ ga-amasị gị, need Achọrọ ka I ka I nyere m aka.
Can I help you?	Enwere m ike Ị nyere gị aka?
Can you help me?	Ị nwere ike Ị nyere m aka?
Go straight	Gaba n'iru/ogologo
How is it going?	Kedụ ka O si aga?
How have you been?	Kedụ ka O si dị?
How is it?	Kedụ ka ọ dị?
How's everything?	Kedụ ka ihe niile dị?
Are you a student?	I bụ nwata akwụkwọ?
Are making a promise?	I na-ekwe m nkwa?
where is the restaurant?	Kedụ ebe ahụụlọ nri dị?
Is this your house?	Ebe a bụ ụlọ gị.
Turn left	Tugharịa na aka-nri
Turn right	Tugharịa na aka-ekpe
What are you up to?	Kedụ ihe I chọrọ ime?
What do you do for a living?	Gịnị bụ ọrụ aka gị?
What's new?	Kedụ ihe ọhụ mere nu?
What's up?	Kedụ nke n'eme?
Where do you live?	Kedụ ebe ị bi?
Where is the airport?	Kedụ ebe ọdụ ụgbọ-elu dị?

English	Igbo language
How are things going?	Kedụ kaihe si aga?
What's happening?	Kedụ nke n'eme?
How are you holding up?	Kedụ ihe ji nu?

Good Manners

English	Igbo language
Will you open the door for me?	I were ike I meghere m ụzọ?
Would you open the door for me?	I wetụrụike I megherem ụzọ?
Would you kindly open the door for me?	I were ike I mere m ebere site na I meghere m ụzọ
Would you mind opening the door for me?	Ọ ga-amasị gị I meghere m ụzọ.
Would you be so kind as to open the door?	Obi aga-adi gị mma na I megherem ụzọ.
Could you open the door?	Meghetụrụ m ụzọ
Could you please open the door?	Biko, meghetụrụ m ụzọ.
Could you possibly open the door?	Ọ ga-ekwe gị omume na i ga emeghere m ụzọ.

2.5 Wishes/ Congratulatory message

English	Igbo language
Happy Christmas	Anụlị ekeresimesi
Happy new year	Anụlị afọ ọhụ
Happy Easter	Anụlị mbilite n'ọnwụ Krist
Happy Birthday	Anụlị ụbọsị ọmụmụ
Congulatulations!	Ekele!
Good luck	Ya gazie!
Safe journey	Ije ọma/Ga nkeọma

Congratulations	kọngratuleshọn
You are doing a good job	I na-eme nke oma
That's better than ever.	Nke a kachasi mma.
That's the way to do it.	Otu ka esi eme ya.
You are very good at that.	I ma eme ya nkeọma.
You are doing beautifully	Ọ maka, ka I si eme ya.
You are on the right track	Usoro I ji eme ya di mma.
Keep up the good work.	Ga n'iru na-ọrụọma I na-arụ.
Nothing can stop you now.	Ọ dịghị ihe pụrụikwụsị gị ugbu a.

2.6 Making a call

English	*Igbo language*
Can/could I speak to …, please?	Biko, Achọrọ m ka mu na…. kparita uka.
I'd like to speak to …	Achọrọ m I gwa … okwu
Do you know when he's free?	I mara mgbe o nwere oghere?
He/She's …. Here	Ọ … nọ ebe a
I'm calling in connection with…	Ihe m ji akpọ bụ maka …
It's with regard to …	Ọ bụ aka …

Taking a call

English	*Igbo language*
How can I help you?	Kedụ ka m ga-esi nyere gị aka?
What can I do for you?	Kedụ ihe I chọrọ ka m mere gị.
I'm going to put you on hold,	Aga m achọ ka I chere
Just bear with me a moment.	Cheretu nwa obere oge
Can I give him a message?	Enwere ike izi ya ozi?

What's it in connection with?	Kedu ihe į chọrọ ka o mere gị?
Would you mind saying that again?	I were ike ikwu ya ọzọ?
Sorry, you are breaking up, I didn't heat that very well.	Enwela iwe, njikọekwentị nwere nsogbu, anaghị anụ ihe I na-ekwu.
Could you repeat, please?	I nwere ike ikwu ya ọzọ? Biko

2.7 Appreciation, Admiration and Love expression

English	Igbo language
You look gorgeous!	I maka!
You look as pretty as always!	I bụ so mma oge nile.
You look drop dead gorgeous!	Mma gị n'egbu ọchụ.
You have looks to die for!	Mma gị n'egbu ochu.
I love the way you look today!	Ụdịdị gị n'ubọchị tata masiri m.
I can't take my eyes off of you!	Apụghị m I nwepu anya m na-ebe I nọ.
I think you are super cute!	Ọ di m ka I bụọkachasi mma.
You look hot!	I na-ekpo oku!
You are stunning!	Ụdịdị gị na-agbakasi m isi
You look absolutely fantastic!	Mma gị pụrụ iche
You look radiant!	I na-amuke amuke
I miss you	Agụ gị na-agụ m
I love you	Ahụrụ m gị n'anya
I love your dress	Efe gị amaka
You look good today	Ahụ amaka gị

You bring joy to my life	I na-enye m ọṅụ.
All I do is to think of you.	Nani ihe gbasara gị ka m n'eche.
I love you being around.	Achọrọ m I nọ gị nso oge niile
I feel sad without you.	Ọ na-ewuta m ma Ị nọghị m nso.
You occupy my thoughts.	I nọ n'uche m oge niile.
I miss your laugh.	Ọchị gị na-amasị m
You are everything to me.	I bụrụ m ihe niile.
I want a lifetime with you.	Achọrọ ka mu na gị biri oge Niile nke ndụ m.
I hope I see you again.	Ekwenyere m na-aga m ahụkwa gịọzọ.
I want you.	Achọrọ m gị.
You are my treasure.	I bụ ihe nketa m nke di oke ọnụ ahịa.
You are precious.	I kachasi m oke mkpa.
I'm yours.	Abụ m nke gị
You are my sunshine.	I bụ anyanwụụtụtụ m
I long for you.	Achọrọ m ihụ gịọtụtụoge.
You're everything to me.	I bụ ihe nile m nwere.
You complete me.	I na-eme ka m zue oke.
I cherish you.	I masiri m nke ukwu.

EXERCISE

1. State the time or occasion where the following greting are used:
   (a). Abali ọma/ka chi foo   _____
   (b). ka emesia/ ka ọ dị   _____
   (c). mgbede ọma   _____
   (d). ụtụtụ-ọma   _____
   (e). ehiheọma   _____

2. Which of the following means, "How is everything?"
   (a). Kedụ ka o si aga?
   (b). Kedụ ka o si dị?
   (c). Kedụ ka ọ dị?
   (d). Kedụ ka ihe niile dị?

3. Match the following expressions to their Igbo language meaning.
   (a). My name is Ben   Ebee ka i si?
   (b). What is your name?   Esi m na ...
   (c). This is Ben   Onye a bụ Ben
   (d). Where are you from?   Gịnị bụ aha gị?
   (e). I hail from ...   Abụ m onye obodo ...
   (f). I'm from...   Aha m bụ Ben

4. Match the following greetings with their appropriate Igbo language.
   (a). Hello   I mela
   (b). Welcome   Dalụ
   (c). Well-done   Kedụ ka I mere?
   (d). Come   Ndeewo

(e). Go   Nnọọ
(f). How are you?   A di m mma/Ọ dị mma
(g). I'm good/fine   ga/gawa
(h). Thank you   bịa

5. You are taking a call and you want to ask your caller to repeat what they have said, which of the following Igbo sentence would you use?
(a). Aga m achọ ka I chere
(b). Cheretu nwa obere oge
(c). Nwere ike izi ya ozi?
(d). Kedu ihe ị chọrọ ka o mere gị?
(e). I were ike ikwu ya ọzọ?

6. Which of the following is Igbo expression for: "I miss you."
(a). Abụ m nke gị
(b). Ahụrụ m gị n'anya
(c). Agụ gị na-agụ m
(d). I kachasi oke mkpa.
(e). I na-ekpo ọkụ!

7. Which of the following is Igbo expression for: "I love you."
(a). Abụ m nke gị
(b). Ahụrụ m gị n'anya
(c). Agụ gị na-agụ m
(d). I kachasi oke mkpa.
(e). I na-ekpo ọkụ!

8. Which of the following is an Igbo expression for: "You look hot!"

(a). Abụ m nke gị

(b). Ahụrụ m gị n'anya

(c). Agụ gị na-agụ m

(d). I kachasi oke mkpa.

(e). I na-ekpo ọkụ!

9. Which of the following is Igbo expression for: "You are precious."

(a). Abụ m nke gị

(b). Ahụrụ m gị n'anya

(c). Agụ gị na-agụ m

(d). I kachasi oke mkpa.

(e). I na-ekpo ọkụ!

10. Which of the following is Igbo expression for: "I'm yours."

(a). Abụ m nke gị

(b). Ahụrụ m gị n'anya

(c). Agụ gị na-agụ m

(d). I kachasi oke mkpa.

(e). I na-ekpo ọkụ!

Chapter Three

Parts of Speech (Nkejiasụsụ)

There are eight categories that words are placed into based on what they mean and how they are used in a sentence.

3.1 Mkpọaha/ Aha (Noun)
A noun is a name of a person, place, thing or an idea.
Examples

English	*Igbo*
Classroom	Klaasị
Train	Ụgbọ oloko
Food	nri
Dog	Nkịta
Forest	Ọhịa
Table	Okpokoro
Joy	Ọṅụ

a. Proper Noun (Ahaaka): A proper noun is the name given to something to make it more specific. It identifies a particular person, place, or thing (e.g., Nnamdi, Chidi, Awka, Ikwerre, Brian, California). Proper nouns differ from common nouns because common nouns are the words for something in general.

b. Common Noun (Ahaizugbe): refers to people, placed, or things in general e.g. abụ (song), ọṅụ (joy), okorobia (boy), nkịta(dog), obodo (city), ụbọchị (day). Common nouns are written with a capital letter only when they start a sentence.

c. Collective Noun (Ahaigwe): refers to a set or group of people, places, animals, or things e.g. Ezinụlọ (family), akwụkwọ (books), igwe (multitude).

d. Compound Noun (Ahaukwu): compound nouns are words for people, animals, places, things or ideas, made up of two or more words, e.g. umu-akwụkwọ (students), umuaka (children), ụlọ-akwụkwọ (school), ndị-ọrụ (workers), etc.

e. Abstract Noun (Ahauche/Ahaechereche): this refers to ideas, qualities, conditions and things that do not exist physically e.g. ọṅụ (joy), enyi (friendship), ihunanya (love).

f. Concrete Noun: refers to people and things that exist physically e.g. mmadụ (person), ụwa (planet), osisi (tree), enwe (monkey).

g. Countable Nouns (Aha-agutaraonu): countable nouns are nouns that can be counted individually; you can put a number before it as a quantity, e.g. Ụgbọ-ala abụọ (two cars), Nkịta anọ (four dogs), Ụmụnne atọ (three brothers), etc.

h. Uncountable Nouns (Aha-Agutaonu): uncountable nouns refers to things that can't be individually counted, and don't take an indefinite article (a or an) in front of them e.g. ego (money), akụ (wealth), mmiri (water), egwu(music), ịhụnanya (love) etc.

Note that money is uncountable but ego-igwe (coin) or ego akwụkwọ (bank notes) are countable. Water is uncountable but glass of water is countable

3.2 Nnọchiaha (Pronoun)
Igbo pronouns, unlike other language, are not gendered as a result the same pronouns are used for male, female and inanimate beings. There are four singular pronouns (i, ị, o, and ọ) and two impersonal pronouns (a and e).

Every Igbo pronoun stands alone in a sentence. They do not join to verb or noun except they are in prefixed form, as in the case of first person singular and third person plural. The following are examples of standalone and prefixed forms of Igbo pronouns:

First person singular   Igbo
I went to market.   Ejere m ahịa.
I asked a question.   Ajụrụ m ajụjụ.

2nd person singular   Igbo
You made my day.   Ị mere taa ụbọchịọma nye m.
You are kind.   Ị bụ ezigbo mmadụ.

3rd person singular   Igbo
She is so beautiful   ọ maka/ ọ mara ezigbo mma
He is handsome   ọ maka/ ọ mara ezigbo mma
It is so beautiful   ọ mara ezigbo mma

3rd person plural   Igbo
They did the dishes   Asara efere.
They cooked food   Esiri nri

The following various types of pronoun.

a. Subject Pronoun (Nnọchiaha) is a word that takes place of a noun in a sentence. It functions as and acts as a substitute for a noun or nouns. Examples: I, you, it, they, we, he, she.

b. Personal Pronoun (Nnọchionye): this type of pronoun refers to the speaker or the person spoken to, or to a person or things whose identity is clear, usually because they have already been mentioned.

Examples: **Subject**

English	Igbo	Plural	Igbo
I/me	*m, mụ*	We	*anyị*
You	*Ị, gị*	You	*unu*
He/she/it	*o*	They	*ha*
He/she/it	*ọ*	They	*ha*
He/she/it	*ya*	They	*ha*

Object

Me	*m/mụ*	Us	*anyi*
You	*gị*	You	*unu*
Him/her/it	*ya*	them	*ha*

c. Impersonal Pronoun (Nnọchimpesin): Also known as indefinite pronoun, impersonal pronoun is used in a sentence to show non-specific beings, objects, or places. This can be used to represent countable noun or uncountable nouns; e.g. it (a, e). The two impersonal pronouns in Igbo language are a and e

d. Possessive Pronoun (Nnọchinke): This type of pronoun is used in a sentence to show that something belongs to someone; e.g. my, our, your, his, her, its and theirs. There exists an independent form of each of the above possessive pronouns and they are: mine, ours, yours, his, hers, its, and theirs.

Examples:

English	*Igbo*
mine	nke m
Yours	nke gị
His	nke ya
Her	nke ya
Our/ours	nke anyị
Their/theirs	nke ha

e. Demonstrative Pronoun (Nnọchingosi): This type of pronoun is used in a sentence to point out specific things. There are only four demonstrative pronouns and they are: this, that, these and those. Examples in Igbo language are as follows:

English	Igbo
This	*ihe a*
That	ihe ahụ
These	ihe ndị a
Those	ihe dị ahụ

f. Reflexive pronoun (Nnọchionwe/Nnọchinkowa): This type of pronoun is used in a sentence to refer to subject of the sentence. It is preceded by adverb, adjective, pronoun, or noun to which it refers, so long as that antecedent is located within the same clause. They end with the suffix 'self' (onwe); e.g. myself, yourself, himself, herself, oneself, itself, ourselves, yourselves, and themselves.

Examples:

English	Igbo
Myself	onwe/ Munwà
Yourself	onwe gị/ Gịnwà
Himself	onwe ya
Herself	onwe ya
Oneself	onwe ya
Itself	onwe ya
Ourselves	onwe anyi/ Anyịnwà
Yourselves	onwe unu
Themselves	onwe ha

g. Emphatic Pronoun (Nnọchionweonye): This type of pronoun is used in a sentence to explain the action done by a noun without anyone's help.

Examples of emphatic pronouns are the same form as reflexive pronouns. However, the difference between emphatic pronoun and reflexive pronoun is that reflexive pronoun acts as direct or indirect object in a sentence while emphatic pronouns are essentially unnecessary. Examples:
I went to the hospital myself. (Reflexive pronoun)
E jere m ụlọ-ọgwụna nke onwe m.

The doctor himself treated me. (Emphatic pronoun)
Dọkịta na onwe ya lekọtara anya.

The word "myself" in the first sentence serves to reinforce that it was the subject (i.e. the president) that perform the action. Please note that emphatic pronoun can be removed from a sentence and the meaning of the sentence would still remain intact.

3.3 Verbs (Ngwaa)

a. Infinitive Verbs (Isingwaa): This is a verb form that functions as a noun or is used with auxiliary verbs, and that names the action or state without specifying the subject. In Igbo language, the letter "ị" and "I" plus the root verb comprise the infinitive form of verb.

Examples:

English	Igbo root verb	English	Igbo root verb
to be	ịbụ/ịdị	to bring	iweta
to buy	ịzụta	to call	ịkpọ
to chew	ịta	to come	ịbịa
to cook	isi nri	to cry	ibe akwa

to dance	ịgba egwu	to do	ime
to drink	ịṅu	to eat	iri (nri)
to enter	ịbanye/ịbata	to find/look	ịchọ/chọta
to follow	isoro	to forget	ichefu
to fry	ighe	to get	inweta
to give	inye	to go	ịga
to have/own	inwe	to hear	ịnụ
to hold	ijide	to know	ịma
to laugh	ịchi (chi a)	to learn	imụta
to leave	ịhapụ	to listen	ige ntị
to look	ile (anya)	to mark	ịka (akara)
to get out	ịpụta	to play	igwu egwu
to pray	ikpe ekpere	to read	ịgụ
to remember	icheta	to run	ịgba ọsọ
to say	ikwu (okwu)	to see	ịhụ
to sell	ire (ahịa)	to bathe	ịsa ahụ
to sing	ịguọ abụ/ ịbụọ abụ	to sit	ịnọdu
to sleep	ịrahụ (ura)	to speak	ịsụ
to stand	iguzo/ikuli	to stay	ịnọ
to swallow	ilo	to take	iwere
to teach	ikuzi	to tell	ịgwa
to think	iche echiche	to throw	ịtu
to touch	ịmetụ	to understand	ịghọta
to wait	ichere	to walk	ịga ije
to wash	ịsa	to wear	iyi
to work	ịrụ	to write	ide

b. Linking Verbs (njịkọ ngwaa): This type of verb that connects a noun or a pronoun with a word that identifies or describes it; e.g. is, am, are, etc.

Examples:

English	Igbo
is	bụ
am	bụ
are	bụ

c. Auxiliary Verbs (Enyemaka ngwaa): This is a verb that changes or helps another verb, e.g. am, is, are, was, were, be, been, will, has, have, had, do, does, did. In Igbo language, auxiliary verbs often complement verb form to express an action in simple, continuous or future tense. When an auxiliary verb is complementing a simple participle, the auxiliary verb is joined to the complement with a hyphen. This is especially the case when the infinitive accompanying starts with a vowel. The hyphen is used to differentiate/separate the auxillary verb which is a form of prefix of the simple participle from main verb.

For example:

Igbo	English
Ben gà-enweta ụgbọ ala.	Ben will catch the bus
Eze nà-àbia ebe a.	Eze is coming here
Ngọzị ga-àbịa	Ngọzị will come
Ọ ga-àbịa	He/She will come
Eze na-abịa	Eze is coming
Ọ na-abịa	He/She is coming

However, when the auxiliary verb takes on the suffix of negation, it is written separately from the complement without a hyphen and as a one word with the suffix.

For example:

Igbo	English
Ngọzị agaghị àbịa	Ngọzị will not come
Ọ gaghị àbịa	He/She will not come
Eze anaghị abịa	Eze is not coming
Ọ naghị abịa	He/She is not coming

3.4 Conjunction (Njikọ)

Conjunction: A conjunction is a word that joins words or groups of words in a sentence together, e.g. and, but, yet, because, so,

Igbo	English
kama	instead of
mgbe ahụ	then
rue	until
tupu	before
maka	as, so
otu	as, that
mana/kama	but, if, that, whether
na	and, that
ka mgbe	since
ka	so that, that
n'ihi	because
ma ọ bụ	or
ọzọkwa	moreover

Examples:

Igbo   *English*
a. Achọrọ m Ji kama Garri   *I want Yam instead of Garri*
b. Eri kwala nri, tupu m gawa.   *Do not eat until I go*
c. Maka na ọ dịmma, ka m jịrị rie ya   *As this is good, I enjoyed it*
d. Ọ dị mma otu osi bụrụ izu ụka.   *It is good, as it is weekend*
e. Ihe a mara mma mana ọdị oke ọnụ   *This is good, but expensive*
f. Mụ na gị na-eje ahịa   *You and I are going to shop*

3.5 Adjective (Nkọwaha)

An adjective is a word that describes or gives more information about a noun or pronoun. It tells you what kind, how many, or which one. The following are examples of adjectives:

Igbo	*English*	*Igbo*	*English*
ala	*low*	ọsịsọ	*fast*
chakoo	*empty*	elu	*high*
iwe	*angry*	ihere	*shy*
nsọ	*holy/sacred*	anya	*far*
obi ụtọ/añụrị	*happy*	obi ọjọọ	*sad*
ọcha	*bright*	ọcha	*clean*
ocha	*light*	oji	*dark*
ogologo	*long*	ntakịrị	*short*
ohu/ohuru	*new*	ochie	*old*
ọjọọ	*ugly*	ọjọọ	*bad*
ọkụ	*hot*	oyi	*cold*
ọma/mma	*beautiful*	ọma	*good*
siri ike	*hard*	dara ọnụ	*expensive*
ukwu	*big*	nta	*small*
ụtọ	*sweet*	ilu	*bitter*

Demonstrative Adjectives are adjectives that are used to modify a noun so that we know which specific person, place, or thing is mentioned. Examples of Demonstrative Adjectives in Igbo language are: ahụ (that). Nke a (this), ndị ahụ (those), ndị a (these). In Igbo language, demonstrative adjectives follow the noun they are modifying.

For example:

Igbo	English
Nye m kalama ahụ	Give me that bottle.
Achọrọ m akwụkwọ ndị ahụ	I want those books.
Ọ chọrọ izute ya ụbọchị ahụ	He wanted to meet her that day.
Mango ndị a na-ere ure	These mangoes are rotting.
Apụghị ichefu ihe ahụ mere	I can't forget that incident.
Ụmụ ntakịrị ndị ahụ were iwe	Those children were angry.
Mkpịsị odide ahụ bụ nke m	This pen belongs to me.
Ụlọ ahụ nwere ụlọ-ahịa	That building has a shop.

3.6 Adverb (Nkwuwa)

An adverb is a word that describes a verb, adjective, or another adverb by giving more information about how or when something happens. It tells how, when, where, or to what extent. e.g. loudly, slowly, quickly, finally, always, tomorrow.

Igbo	English
a. Ọ na-agụ egwu n'olu dara ụda	She sings loudly.
b. Ọ gbara ọsọ ngwa ngwa	He/she ran quickly.
c. Ọ kwuru okwu n'olu dị jụụ	He/she spoke softly.

d. Eze kwara ụkwara n'olu dara ụda *Eze coughed loudly.*
e. Ọ na-afụ Ọja nke oma. *He plays the flute beautifully.*
f. Ha riri achịcha bekee n'anyaukwu *They ate the cake greedily.*

Interrogative Adverbs are used to ask a question. In Igbo, a question can only be initiated by either an interrogative or a personal pronoun. Following interrogatives are commonly used:

Igbo	*English*
Kedụ	*how, when, where, which?*
ebee	*where, which place?*
olee	*how much, how many?*
onye	*Who?*
gịnị/ọ gịnị?	*What?*
kedụ?	*How?*
maka gịnị?	*Why?*
ma ncha	*Never*
tara akpụ	*Rarely*
mgbe ụfọdụ	*Sometimes*
mgbe niile	*Usually*
mgbe niile	*Always*
nkeọma	*Very*

3.7 Preposition (Mbuụzọ)

Preposition: A preposition is a word that describes a relationship between a noun or pronoun and another word in a sentence, e.g. at, on, in, across, besides, during, for, of, to, with, throughout etc. It goes before a noun or pronoun to specify a place, position or time. In Igbo, there is only one preposition "na".

When preceding a vowel, it drops its vowel sound and letter and takes on the tone of noun that follows it. It is written as n'

Examples:

Igbo	English	Igbo	English
na	and	n'okpuru	under
tupu	before	n'ikpeazụ	after
n'ime	inside	n'ihe/n'ilo	outside
na	with	mana	but
maka	for	si	from
je	to	ime	in

Examples:

Ọ dị n'elu akwa ndina.	It is on top of the bed.
Ọ dị n'okpuru akwa ndina.	It is under the bed.
Ọ dị n'ime akpati	It is inside the box.
Ọ dị n' akụkụ akwa ndina.	It is beside the bed.
Ọ nọ n'ụlọ.	He/She n is in the house.
Ọ dị n'elu aja.	It is on sand.

In combination with a noun, it can specify the location of the preposition in more detail:

Noun	Mkpọaha	Preposition	Mbuụzọ
top	elu	in, at, on	na (common)
top	elu	up	n'enu
underside	okpuru	under, below	n'okpuru
interior	ime	inside	n'ime
edge	ọnụnụ	on top of	n'onunu
beside	n'akụkụ		

3.8 Interjection (Ntimkpu)

An interjection is a word or phrase that expresses a strong feeling or an emotion, e.g. Hurrah, Yippee! Wow! Oh, no! Ouch, Oops, Aha, Eww etc. Interjections are divided into six types namely; greeting, joy, surprise, approval, attention and sorrow.

a. Interjections for Greeting (Ntimkpu nke ekele): This type of interjection is used in a sentence to indicate the emotion of warmth to a person or group of people during meeting with them. Examples:

English	Igbo
Hello!	Ndeewo!
Hello Igbo people	Igbo Kweenu! Yee

b. Interjections for joy (Ntimkpu nke ọnụ): This type of interjection is used in a sentence to indicate immediate joy and happiness when a happy occasion occurs.

Examples:
Wow!	Ewo!
Good!	Ezigbo!
Hurrah!	Iji ya!

c. Interjections for Attention (Ntimkpu nke akpọmoku): This type of interjection is used in a sentence to draw attention of someone to something.

Examples:

English	Igbo
Look!	Lee anya!
Behold!	Lee!
Listen!	Ge Ntị!
Shh!	Shh!

d. Interjections for approval (Ntimkpu nke nnabata): This type of interjection is used in a sentence to express a strong sense of approval or aggremenet for something that has happened or something that someone did.

Examples:

English	Igbo
Well done!	Daalụ!
Brilliant	Akonuche!
Bravo!	Agụ/Dike!
Wait!	Chelu!
Sure!	Isee!

e. Interjections for surprise (Ntimkpu nke mberede): This type of interjection is used in a sentence to express a strong sense of surprise about something that happened or something that someone did.

Examples:

English	Igbo
What!	Gịnị!
Oh!	Ewo!
Ah!	Ah Ah!

f. Interjections for sorrow Ntimkpu nke iriuju): This type of interjection is used in a sentence to express the emotion of sadness or disappointment about something that happened.

Examples:

Alas!	Ewo!
Oops!	Ha yie!
Ouch!	Ha yie!
Ah!	Ah ah!

EXERCISE
1. There are eight Parts of speech
(a). Give an example of Mkpọaha? _____
(b). Give an example of Mbụụzọ? _____
(c). Give an example of Nkowaaha? _____

2. Explain the following terms:
(a). Nnọchiaha

_____
_____
_____

(b). Ntimkpu

_____
_____
_____

(c). Ngwa

_____
_____
_____

3. Give five examples each of the following.
(a). Nnọchiaha

_____
_____
_____

(b). Ntimkpu

_____
_____
_____

(c). Ngwa

_____
_____
_____

4. Explain the following term
(a) Ahaigwe

_____
_____
_____

(b) Ahaizugbe

_____
_____
_____

5. Define Nnochimpesin

_____
_____
_____

6. Provide the possessive noun for the following in Igbo language
(a). His   _____
(b). Hers _____
(c). mine _____
(d) ours   _____

7. Give three examples of Isingwaa

_____
_____
_____

8. Explain the following terms:
(a). Interjections for Attention (Ntimkpu nke akpọmoku)

_____
_____
_____

(b). Interjections for surprise (Ntimkpu nke mberede)

_____
_____
_____

9. Interjections for approval (Ntimkpu nke nnabata)

_____
_____
_____

10. Using a simple sentence, give examples of each of following.

Na	_____
n'okpuru	_____
tupu	_____
n'ikpeazụ	_____
n'ime	_____
n'ihe/n'ilo	_____

Chapter Four

Tenses (Tensi)

4.1 Tense

Tense is the time described by a verb, shown by its grammatical form. In Igbo language, verbs do not show the difference between present and past tenses. To show the time of an action, event, or state, the meaning of the verb is changed by adding affixes that would show if an action was in present, past or future tenses.

Verb forms and tense usage

base form: In Igbo language, a verb base form (which is also known as the "root form of a verb") is a word or word part that can form the basis of new words through the addition of prefixes and suffixes. The verb root is the same as the infinitive form but without the "to."
Examples:

English	Igbo root verb	English	Igbo root verb
be	bụ/dị	bring	weta
buy	zụta	call	kpọ
chew	ta	come	bịa
cook	si nri	cry	be (be akwa)

dance	gba egwu	*do*	me
drink	ṅu	*eat*	ri (rie)
enter	bata	*find/look for*	chọ/chọta
follow	soro	*forget*	chefu
fry	ghe	*get*	nweta
give	nye	*go*	ga
have/own	new	*hear*	nụ
hold	jide	*know*	ma
laugh	chi (chi a)	*learn*	mụta
leave	hapụ	*listen*	ge ntị
look out (get out)	le pụta	*mark*	ka (akara)
pray	kpe ekpere	*play*	gwu egwu
remember	cheta	*read*	gụ (gụọ)
say	kwu (kwuo)	*run*	gba ọsọ
sell	re	*see*	hụ
sing	gụọ abụ/ bụọ abụ	*shower/bathe*	sa ahụ
sleep	rahụ (ura)	*sit*	nọdu
stand	guzo/kuli e	*speak*	sụ (sụọ)
swallow	lo	*stay*	nọ
teach	kuzi (kuzie)	*take*	were
think	che echiche	*tell*	gwa
touch	metụ	*throw*	tu
wait	chere	*understand*	ghọta
wash	sa	*walk*	ga ije
work	rụ (rụọ)	*wear*	yie
		write	de

There are six basic verb forms that are used to create the entire tense system of English:

Tense is divided into three major groups namely: Present tense, Past tense and Future tense. Each of these group can change form when combined with an auxiliary form of the verbs (be, have, shall, will, etc.).

When present tense is combined with any of the auxiliary forms of the verbs (be, have, shall, will, etc.); it can be modified into the following four tense forms: simple present tense, present continuous tense, present perfect tense and present perfect continuous tense.

When past tense is combined with any of the auxiliary forms of the verbs (be, have, shall, will, etc.); it can be modified into the following four tense forms: simple past tense, past continuous tense, past perfect tense and past perfect continuous tense.

When future tense is combined with any of the auxiliary forms of the verbs (be, have, shall, will, etc.); it can be modified into the following four tense forms: simple future tense, future continuous tense, future perfect tense or future perfect continuous tense.

4.2 Simple Present Tense

Simple present tense is a tense that expresses an action that is currently going on or habitually performed, or a state that currently or generally exists. To form a simple present tense in Igbo, one would have to use verb root which is the basic unit for building up tenses in Igbo.

The pronominal verb prefix "a" or "e" is affixed when necessary. The suffixes "a, o, ọ, e" when used are attached in accordance with Igbo vowel harmony. For example:

Prefix	Verbroot	Suffix	Pronoun	Expression
A	chọ	ọ	m	Achọọ m – I want.
A	kpụ	ụ	m	Akpụụ m – I formed.
A	pụ	ọ	m	Apụọ m – I leave.
A	ta	a	m	Ataa m – I chew.
E	che	e	m	Echee m – I think.
E	lo	o	m	Eloo m – I swallow.
E	ri	e	m	Erie m – I eat.
E	ru	o(e)	m	Eruo m – I reach.

Examples:
Anyi apuo — *We go away.*
Achọọ m akwụkwọ — *I want a paper (book).*
Uche ataa mkpụrụ aghara — *Uche chews garden egg.*

It is important to note that when first and second person singular "m" is used and goes before the simple present tense (e.g. "achọọ, erie, ataa, apịa, apụa etc"), the pronominal prefix "a" or "e" is dropped and the tense of the verb becomes a conditional verb or indicates future. For example:

Igbo | English
M cheta ya, m gwa gị. — *When I remember it, I'll tell you.*
M ruo ụlọ, eweta m ego. — *When I get home, I'll bring money.*
M taa akị, m ṅụọ mmiri. — *When I chew kernel, I'll drink water.*

Ị cheta ya, Ị gwa m. *When you remember it, tell me.*
Ị ruo ụlọ, Ị weta m ego. *When you get home, bring money.*
Ị taa akị, Ị ńụọ mmiri. *When you chew kernel, drink water.*

When the second person plural "unu" precedes a verb, such a verb accommodates prefixes and suffixes. The result is simple present tense. However, when a second person pronoun "singular and plural" is used to indicate time or condition, the resultant verb will not accept prefix.

Examples:
Unu echefula, Ị weta ya *You should not forget to bring it.*
Unu emela njọ *You should not commit sins.*
Ị cheta ya, Ị gwa m. *When you remember it, tell me.*
Ị ruo ụlọ, Ị weta m ego. *When you get home, bring money.*
Ị taa akị, Ị ńụọ mmiri. *When you chew kernel, drink water.*

There are some Igbo verbs that do not make use of suffixes or prefixes in the present tense. These are "to be" types of verb, Igbo example of these are "bụ, dị, ka, ma, ha, nye, hụ, kwụ and kpụ" etc. Also, verbs whose roots are independent verbs in themselves do not make use of suffixes or prefixes in the present tense. For example:

Ọ ma *He knows*
O ji *He holds*
Ọ nọ *He's in/here*
Ọ bụ m *It's me*

In the above examples, their meanings are complete and they do not need prefix or suffix. If a suffix is added to these verbs above, their original meaning is altered. However, for dependent verbs like ri, si, sa, gbu, etc. the meaning is incomplete until the suffix "e" is attached to the verb root e.g.

O saa akwa	*He washes cloth.*
Ọ sapee akwụkwọ	*He opens a book.*
O sie nri	*He cooks food.*
Ha si ebe a	*They are from here.*

4.3 Present Continuous Tense

Present continuous tense is a tense which is used to show that an ongoing action is happening now, either at the moment of speech or now in a large sense. In Igbo, present tense uses "na" followed by a hyphen before a conjugated verb of present tense. For example

Root verb	conjugagte	continuous tense	meaning
gba	agba	na-agba	is running
gụ	agụ	na-agụ	is reading
ta	ata	na-ata	is biting.
to	eto	na-eto	is praising.
chị	achị	na-achị	is laughing

In the above examples, "na" is the auxiliary verb while "a" and "e" are verb prefixes that formed the conjugate verb.

Examples in a sentence:

Igbo	English
Ọ na-agba ọsọ.	He is running
Mmiri na-ezo.	It is raining
Ọ na-agụ akwụkwwọ.	She is reading
Ha na-achị ọchị.	They are laughing
Anyị na-eri nri.	We are eating
Ị na-agu egwu	You are singing

Present continuous tense can be habitual and when used in a habitual form, a connotation of an action in which one is habitually engaged is added to form a complete sentence. For example:

Igbo	English
Akpị na-agba agba.	Scorpion stings.
Anwụ na-acha n'ọkọchi	The sun shines in dry season.
Anyị na-aga akwụkwọ.	We go to school.
Uche na-agba bọọlụ.	Uche plays football
Egbe na-ebu ụmụ ọkụkọ.	Hawk carries chick.

First person singular and in some third person plural pronouns takes on "na" as prefixed with "a" for the verb root to produce present continuous tense. In this expression, the verb root with the prefix is written separately after the pronoun. For example:

Igbo	English
Ana m eje ahịa	I am going to market.
Ana ha agụ egwu	I am singing.
Nne m na-esi nri.	My mom is cooking.

When present continuous tense is formed with first person plural second person singular and second person plural, the first person plural, second person singular, third person singular and third person plural pronouns, comes before the auxiliary verb such as in the following.

Igbo	English
Anyị na-ekpe akpụ.	We are peeling cassava.
Anyị na-awa ji.	We are slicing the yam.
Anyị na-eje akwụkwọ.	We are going to school.
Ị na-ekpe akpụ.	You are peeling cassava.
Ị na-awa ji.	You are slicing the yam.
Ị na-eje akwụkwọ.	You are going to school.
Unu na-egwu.	You (PL) are dancing.
Unu na-agba ọsọ.	You (PL) are running/racing.
Unu na-akpu isi.	You (PL) cutting your hairs.
Ọ na-alụ ọgụ.	S/he is fighting
Ha na-agụ egwu.	They are singing

4.4 Present Perfect Tense

The present perfect is a grammatical combination of the present tense and perfect aspect that is used to show an action completed at the moment or immediate past. This tense is formed by attaching the suffix "la" to the present tense. For example:

Present	suffix	present perfect	meaning
Agaa	la	agaala	gone
Asụọ	la	asụọla	washed
Akaa	la	akaala	grown

Epuo	la	epuola	grown/formed
Ejee	la	ejeela	gone

Uche echuola mmiri	*Uche has fetched water.*
Agaala m ahịa	*I have gone to market.*
Ngọzị asụọla akwa	*Ngọzị has washed clothes.*
Egbuela m Ọkụkọ	*I have killed the fowl/chicken.*
Eriela m nri	*I have eaten food.*
Unu eriela nri	*You (PL) have eaten food.*
Obi akaala nka.	*Obi has grown old.*
Ada epuola isi awo.	*Ada has grown grey hair.*

Past Tense

Past tense is a tense that expresses an action that has happened or a state that previously existed. Suffixes are used in Igbo language to show past tense. Simple past tense in Igbo verb has the structure "ru" which is an inflectional suffix. The phoneme /r/ is constant while the vowel varies to harmonize with the main verb or verb root.

4.5 Simple Past Tense:

When forming the simple past tense, a suffix made up of "r" and a vowel same as the vowel of the verbroot is attached to the verb to form the simple past tense. For example:

Verb root	Suffix	Past simple tense
ga	ra	gara
gbu	ru	gburu

je	re	jere
si	ri	siri
tọ	rọ	tọro

Example in a sentence:

Igbo	English
Anyị jere ahịa	We went to the market.
Eze dara n'ala	Eze fell on the ground
Ha siri nri	They cooked food.
O churu mmiri	He/She fetched water.
Uche gburu Ọkụkọ	Uche killed a Chicken.

When the past tense of the verb is used with first person singular or third person plural pronoun, the pronominal prefix "a" or "e" is affixed to the verb as in the case present tense. For example:

Atara m anụ	I ate meat.
Ahụrụ m Ọka	I roasted corn
Echere m ya	I waited for him/her.

Sometimes, the simple past tense places emphasis more on the completion of an action than on time. In such cases, it is used to show the completeness of an action in the present. For example:

Igbo	English
Ahụrụ m Ọka ugbu a	I roasted the corn now.
Azụtara m ya ugbu a	I bought it now.
Echetara m ya ugbu a	I remembered it now.

Simple past tense can also be used as a question marker. When it is used as a question marker the time factor may completely be ignored and can refer to the present or the past. For example:

Igbo	English
I gara ahịa?	Did you go to market?
Ị hụrụ m?	Did you see me?
Ọ zara ụlọ?	Did he/she sweep the house?

Simple past tense can be used to express condition or hypothesis, as shown in the examples below.

Igbo:	M bụrụ gị, Aga-eme ya otu ahu.
English:	If I were me, I would have done likewise.
Igbo:	I zụta ya, ị gaghị anọ agụ.
English:	If you bought it, you would not go hungry.
Igbo:	O mara ihe mere, ọ gaa ekele ha.
English:	If he knew what happened, he would thank them.

4.6 Past Continuous Tense

The past continuous tense, also known as the past progressive tense, refers to a continuing action or state that was happening in the past. It is used to express an action which had been going on in the past. This tense is very much like the present continuous tense except that in the formation, "ri" is used. "ri" is placed after the first person pronoun or the third person pronoun when these pronouns do not precede the verb. For example:

Igbo	English
Ana m ri agụ akwụkwọ	I was reading a book.
Ana m rị asa akwa.	I was washing clothes.
Ana m rị ata ọkpụkpụ anụ.	I was chewing a meat bone.

When the nominative pronoun or subject goes before the verb that it governs, the participle "ri" is suffixed to "na" or the present continuous forms of the verb. The first person and third person pronouns (plural) are usually modified to take on this type of conjugate when they occupy the same position. For example:

Igbo	English
Anyị narị egwu egwu.	We were playing.
M narị agụ akwụkwọ.	I was reading
Ha narị apụ apụ.	They were going (leaving).
Ọ narị asụ akwa.	He/she was washing clothes.

It is important to note that when "bu" is suffixed to the verb instead of "ri" the tense indicates an action which took place in the past. For instance:

Igbo	English
Ana m agụbu akwụkwọ	I used to go to school.
Ana m asabu akwa.	I used to wash my clothes.
Mmadụ na-agbabu ọtọ.	Human used to live/stay naked.
Mmadụ na-ebibu n'ọhịa.	Man used to live in the forest.

4.7 Past Perfect Tense

This is used typically to express an action that was completed in the distant past. It takes past tense form. In Igbo language the suffix "ri" is used in the formation of this tense by attaching "ri" to the simple past to form of the past perfect tense.

Conjugate	Past	suffix	Past perfect
chụọ	la	ri	chụọlari
Jee	la	ri	jeelari
mee	la	rị	meelarị
Pịa	la	rị	pịalarị
Pụa	la	rị	pụalarị
Ruo	la	ri	ruolari

When used with the singular personal pronouns (except the first person) the pronominal prefixes are dropped. For example:

Igbo	English
Ị jeelarị ụlọ ụka?	You had gone to church.
O chuolarị mmiri.	He/she had fetched water.
O sielari nri.	He/she had cooked food.

When the past perfect tense is used with personal pronouns plural, it retains the pronominal prefixes. For example:

Igbo	English
Anyị apụọlarị ọrụ.	We had gone to work.
Ha eruolari ụlọ akwụkwọ.	They had reached school location.

Unu ejeelarị ahịa.   You had gone to the market.

The position of pronoun for the firstperson singular is mostly after the entire verb. A rarer alternative, however, is to place it as it is in the simple past, with the suffix "ri" standing separately after the pronoun.

Igbo   English
Apụala ha rị ụlọ akwụkwọ.   They had gone to school.
Emeela ha rị ihe ahụ.   They had done it.

Future Tense
Future tense is used typically to express an action which is expected to happen in the future. It is also used for an action that is promised to occur in the future. In Igbo language prefix "ga" is used to express future tense. Future tense in Igbo is realized through the use of an auxiliary verb, "ga" followed by a conjugate verb which is derived from the main verb.

4.8 Simple Future Tense
Simple future tense is used to express an action that will happen sometime in the future. To form the future tense, "ga" is treated in exactly the same way as 'na' in the present continuous tense.
Examples:
Igbo   English
ọ ga-azụta anụ   he will buy meat
ọ ga-eweta ya   she will brint it
Anyị ga-abịa   we will come

Ha ga-emecha ya	they will finish
ọ ga-echelu	he willwait
ọ ga-eweta ego	she will bring money
kedụ ihe ọ ga-eme?	What will he do?
Ha ga-asụ akwa.	They will wash the clothes.
Ugo ga-abịa ebe a n'abalị.	Ugo will come here tonight.

When the future tense is formed with first person singular "m", "ga" is prefixed with "a" and immediately followed by the pronoun "m". The prefixed verb root is written separately after the pronoun. For example:

Igbo	English
Aga m agụ anu.	I will read a book.
Aga m asa efere.	I will do the dishes.
Aga m echelu gị.	I will wait for you.

When the future tense is formed with first person plural or second person singular, it retains its conjugate verb which is preceded by the future tense prefix "ga" and a hyphen that separates the two.

For example:

Igbo	English
Anyị ga-asụ Igbo.	We will speak Igbo.
Anyị ga-aza ụlọ.	We will sweep the house.
Ị ga-aza ụlọ.	You will sweep the house.
Ị ga-aga ahịa.	You will go to the market.

The simple future tense can be affirmative or negative as shown in the last two examples above. For example:

Igbo	English
Ị ga-aza ụlọ?	Will you sweep the house?
Ị ga-aga ahịa?	Will you go to the market?

4.9 Future Continuous Tense

The future continuous tense, sometimes also referred to as the future progressive tense, is a verb tense that indicates something will occur in the future and continue for an expected length of time. It is formed using the construction tense, "ga" which stands alone and followed by the present continuous form of the verb. The nominative verb or subject precedes the entire formation. For example:

Igbo	English
Anyị ga na-ere ahịa.	We will keep selling.
Ha ga na-agụ akwụkwọ.	We will keep reading.
Ọ ga na-abia.	He/she will be coming.
Eze ga na-arụ orụ.	Eze will keep working.

When the subject of the verb in the future continuous tense is first person singular or third person plural, the affix "ga" will join to the prefix "a" and followed by the first person singular subject "m", as in the examples below:

Igbo	English
Aga m na-ere ahịa.	I will keep selling.
Aga m na-agụ akwụkwọ.	I will keep reading.
Aga m na-abia.	I will be coming.
Aga m na-arụ orụ.	I will keep working.

4.10 Affixes (Mgbakwunye)

These are additional element placed at the beginning or end of a root, stem, or word, or the body of a word, to modify its meaning. There are three types of affixes in Igbo language, namely: prefix (placed before the root), interfix (placed within), and suffix (placed after the root).

Affixes perform grammatical functions that do not change the verb or word to which they are attached. This is referred to as inflectional affixes, e.g. eaten (erila)

Affixes perform grammatical functions of modifying the meaning of the word to which they are attached are called extensional functions, e.g. didn't come – absent (abịaghị)

Example:

English	Igbo	extention
do	me	mechie (close)
drink	ṅu	aṅuri (happiness)

Affixes perform grammatical functions of producing words that belong to other parts of speech are called and derivational functions, e.g. kindness = kind + ness

Example:

English	Igbo	extention
Touch	Metu	metụtara (touching)
Find	chọ	chọpụtara (finds out)

In all of these functions, affixes are written together with the verb or the derivative of the verb.

For example:

a. I have money.   Enwere m ego.
New (have)   e +   nwe +   re
root verb   prefix + root + suffix

Root verb can take number of suffixes, and they all would be written together as one word without a hyphen.

Examples:

Don't come inside (house)   Abatala n'ulo
ba   a +   ba +   ta + la
root verb   prefix + root + suffix + suffix

Don't carry/bring chair   Ebutela oche
bu   e +   bu +   te + la
root verb   prefix + root + suffix + suffix

She already started cooking O siwelere m erimeri
edible for me.
erimeri (edible)   eri +   m +   eri
word   prefix + interfix + suffix

edemede (writing)	ede + m + ede
word	prefix + interfix + suffix
agumagu (literature)	agu + m + agu
word	prefix + interfix + suffix
egwureegwu (playground)	egwu + re + egwu
word	prefix + interfix + suffix
akaraka (destiny)	aka + ra + aka
word	prefix + interfix + suffix

4.11 Negation

Negation is the grammatical operation whereby an Igbo verb is modified with a suffix that makes it's state the exact opposite of an affirmative form.

Examples:

I do (not) know	Amaghị m.
He didn't talk.	O kwughi okwu.

a. Negation in Present and pastt tenses

In Igbo grammar, both simple present and past tense follow the same form of negation. A sentence may be negated with the determiners "ghị" or "ghi".

It is important to note that each determiner follows vowel harmony's rule, vowels that belong to "a" group would use "ghị" while vowels that belong to "e" group use "ghi" negation.

For example:

English	Igbo
Nkechi will not come	Nkechi agāghi àbia
They will not come	Ha agaghị àbịa
He doesn't matter	Enweghi ihe omere

The above examples show that contains the "ghị" vowel belongs to "a" vowel group. In addition, they prefixes "a" and are prefixed to the root verb. Notice that in third example, which contains "ghi" vowel because it belonged to "e" vowel group. It prefixes "e" and is prefixed to the root verb.

The above grammatical principle of combining the "a" or "e" with the negated root verb does not apply when the sentence is simple present tense. However, the first person pronoun denoted by "m" remains in the sentence and still come after the negated verb.
Examples:

English	Igbo
He doesn't have money?	O nweghi ego? (3rd person)
I don't have any money?	Enweghi m ego? (1st person)
I didn't go to themarket?	Ejeghi m ahịa? (1st person)
I didn't asked a question?	Ajụghị m ajụjụ? (1st person)

The pronoun could be followed by ka or ihe, when the nterrogative is not the sole subject of the sentence.
Examples:

how about your family?	olee maka ndị be gị?
What did they say?	olee ihe ha kwuru?

how do you do?	olee ka i mere?
what are you (pl.) doing?	gịnị ka unu na-eme?
where are you?	ebee ka ị nọ?
how much money is it?	ego ole ka ọ bụ?
who are you?	onye ka ị bụ?
who does this?	onye mere ihe a?
who does this happen to?	onye ka ihe a mere?

If the interrogative is missing in a question, the verb must be preceded by a pronoun:

is he in?	Ọ nọ ya?
am I good?	adï m mma?
he is there	Ọ nọ ebe ahụ

b. Negation in Present continuous and future tenses

In Igbo grammar, when present continuous tense is negated, it could appear to have the same meaning as negated simple present tense. This is especially, when it simply follows the same negation pattern without some sort of emphasis.

Examples:

He doesn't eat fish (present tense)	Ọ naghị eri azụ
They don't care. (present tense)	Ha achọghị ima.
He didn't fish (past tense)	O righi azụ.

She didn't sing (past tense)	Ọ gụghị egwu.
He is not eating fish (present continuous tense)	Ọ naghị eri azụ ugbu a
She is not eating fish (present continuous tense)	Ọ naghị agụ egwu ugbu a
He is not going to eat fish (future tense)	Ọ gaghị eri azụ.
I am not going to eat fish (future tense)	Agaghi eri azụ.

c. Negation of command/Negative command

This is used to tell a friend, classmate, child, family member of same age as you are or younger, or pet not to do something. Negative commands in Igbo grammar are formed by following vowel harmony principles and usually by adding the suffix "la" to the root verb.

Example:

Don't come	Abiala!	root verb = bia
Don't go	Agala!	root verb = ga
Don't speak	Ekwula!	root verb = kwu
Don't leave (me)	Ahapula!	root verb = hapu
Don't wait!	Echerela!	root verb = chere
Don't stop!	Akwusila!	root verb = kwusi
Don't eat!	Erila	root verb = ri

EXERCISE

1. Explain the following terms:
(a). base form of verb

___

(b). Present tense

___

(c). Past tense

___

2. Give three examples each of the following.
(a). future tense

___

(b). present continuous tense

___

(c). past continuous tense

3. What type of tense do you use hyphen to join "na" ana a verb.

4. Define the following term
(a) Affixes

(b) Negation

5. List three forms of negation

6. Complete the following Igbo sentence,
   a. He is running   Ọ _____ ọsọ.
   b. It is raining   Mmiri na-_____.
   c. She is reading   Ọ _____ akwụkwọ.
   d. They are laughing   Ha _____ ọchị.
   e. We are eating   Anyị _____ nri.
   f. You are singing   ị _____ egwu

7. Give three examples of negation in future tense

   _____
   _____
   _____

8. Give three examples of negative command

   _____
   _____

9. How many extensional nominals are in the following word?
   a. Enwere   _____
   b. metụtara   _____
   c. Ebutela   _____
   d. Abatala   _____
   e. biara   _____

10. Identify the root word of the following words.
   a. Abiala!   _____
   b. Erila!   _____
   c. Echerela   _____
   d. Agala   _____

ELISHA O. OGBONNA

Chapter Five

Punctuation (Akara Edemede)

Punctuations are special symbols used in writing to separate phrases, sentences and their elements and to clarify their meaning. They are also used to show that a sentence is a question, exclamation and so on. Examples of punctuations are full-stop/period, comma, question marks, parentheses etc.

5.1 Full-stop (Kpọm)
This type of punctuation is used at the end of a sentence or an abbreviation; a period. The punctuation mark or symbol for full-stop (kpọm) is (.). Examples:

English	Igbo
Mary went to market.	Mary jere ahịa.
Brian is my sibling.	Brian bụ nwanne m.

5.2 Comma (Rịkọm)
This type of punctuation is used to indicate a pause between parts of a sentence. It is also used to separate items in a list and to mark the place of a thousand, and so no in a large numeral. The punctuation mark or symbol for comma (Rịkọm) is (,).

For example:

English	Igbo
Mary bought yam, bean and corn	Mary zutara ji, agwa na oka.
Eze has school bag, book and pen	Eze nwere akpa akwụkwọ, akwụkwọ na mkpịsị odide

5.3 Question Marks (Akara ajụjụ)

This type of punctuation is used in a sentence to express doubt or uncertainty about something, or to indicate a question. The punctuation mark or symbol for question mark (Akara ajụjụ) is (?).

For examples:

English	Igbo
How are you?	Kedụ? Kedụ ka ịmere?
Do you speak English?	Ị na-asụ Bekee?
Do you speak Igbo?	Ị na-asụ Igbo?

5.4 Semi-colon (Kpọm Rịkọm)

This type of punctuation is used in a sentence to indicate a pause, typically between two main clauses, and it is more pronounced than that indicated by a comma. The punctuation mark or symbol for semi-colon (kpọm) is (;).

For example:

English	Igbo
Peter is rich; Paul is poor	Peter bụ ogaranyi, Paul bụ ogenye.

5.5 Colon (kpọmkpọm)

This type of punctuation is used to precede a list of items, a quotation, or an expansion or explanation. The punctuation mark or symbol for colon (kpọm-kpọm) is (:).

Examples:

English	Igbo
You know what to do: practice.	I ma ihe I ga-eme: tinye omumu gị n'ọrụ.
I want the following items: eraser, paper and pen	Achoro m ihe ndị a: nchicha, akwụkwọ na mkpịsị odide.

5.6 Apostrophe (Rịkọm elu)

This type of punctuation is used in a vowel dropping to indicate the omission of letter. This especially used when "na" functions as a preposition. The punctuation mark or symbol for apostrophe (Rịkọm elu) is (').

Examples:

English	Igbo
I love you.	Ahụrụ m gị n'anya.
He is at home.	Ọ nọ n'ụlọ.

5.7 Hyphen (Akara uhie)

This type of punctuation is used in auxiliary verb, to join words to indicate that they have a combined meaning or are linked in the grammar of a sentence. It is also used to indicate the division of a word at the end of a line, or to indicate a missing or implied element. The punctuation mark or symbol for hyphen (Akara-uhie) is (-).

Examples:

English	Igbo
He will pay for everything.	Ọ ga-akwụ ụgwọ ihe niile
Say it to me in Igbo.	Gwa mu ya na-asusu Igbo

5.8 Quotation Marks (Rịkọm Ngwu)

This type of punctuation is used either to mark the beginning and the end of a title or quoted passage, or to indicate that the word or phrase is regarded as slang or jargon, or is being discussed rathen than used within sentence. The punctuation mark or symbol for quotation mark (Rịkọm Ngwu) is (' ') or (" ").

Examples:

English	Igbo
"I'm very tired," she said	O siri, "Ike guru m."
"I work in Italy," said, Ben.	Ben siri, "A na m aru—oru na obodo (mba) Italy."

5.9 Parentheses (Akara Nkudo)

This type of punctuation is a pair of brackets used to mark off a parenthetical word or phrase. It is also used to add extra information in a sentence. The punctuation mark or symbol for parentheses (Akara Nkudo) is ( ).

Examples:

English	Igbo
Yes (all is OK)	Ee (Ọ dị mma)
What are you called?	Gịnị ka anakpọ gị (aha eji mara gị)?

5.10 Exclamation Mark (Akara Mkpu)

This type of punctuation is used with a word or phrase to indicate strong feelings (such as shock, surprise, anger or raised voice), or show emphasis, and often marks the end of the sentence. The punctuation mark or symbol for Exclamation mark (Akara mkpu) is (!).

Examples:

English	Igbo
Watch out!	Lee anya!
Go away!	Puo ebe a!
Leave me alone	Hapu m aka!
Help!	Nyere m aka
Fire!	Ọkụ!
Stop!	Kwụsi!
Call the police!	Kpoo ndị uwe ojii!

5.11 Slash (Akara oke)

Slash is also known as forward slash, slant, oblique dash or diagonal and is used to separate letters, numbers or words. It is also used to indicate "or". The punctuation mark or symbol for slash (Akara oke) is (/).

Examples:

English	Igbo
I'm good/fine	a di m mm/Ọ dị mma
Go straight	gaba n'iru/ogologo
Do you speak English/Igbo?	Ị na-asụ bekee/Igbo?

5.12 Ellipsis (Nsepụokwu)

This is mark consisting of three dots (dot-dot-dot), that is used to indicate an intentional omission of a word, sentence, or whole section from a text without altering its original meaning. The punctuation mark or symbol for Ellipsis (Nsepụokwu) is (…).

Examples:

English	Igbo
My name is…	Aha m bụ …
I'm from…	Esi m na …

EXERCISE

1. Define Punctuation

___

2. Explain the following terms:
(a). kpọmkpọm

___

(b). Rikọm elu

___

(c). Akara uhie

___

3. Give three examples each of the following.
(a). kpọm

(b). Rịkọm ngwụ

___

___

___

(c). Akara Nkudo

___

___

___

4. Explain the term Nsepụokwu

___

___

___

5. Apply the correct punctuation in the following sentence
(a) I ma ihe I ga-eme, tinye omumu gị n'ọrụ
(b) O siri, Ike gụrụ m
(c). A hụrụ m gi n'anya
(d). Mary jere ahịa.

6. List twelve forms of punctuation

___

___

___

_____
_____
_____

7. identify the following punctuation symbols
(a). –   _____
(b). " "   _____
(c). ...   _____
(d). ,   _____
(e). /   _____
(f). ( )   _____

8. How many punctuations are in the following sentence?
(a).Ị na-asụ bekee/Igbo?   _____
(b). A bụ m onye obodo …   _____
(c). Agụ gị na-agụ m   _____
(d). I kachasi oke mkpa.   _____
(e). I na-ekpo oku!   _____

ELISHA O. OGBONNA

Chapter Six

Words and Opposite (Okwu na Azụ okwu)

6.1 Words and opposite

English	Igbo	English	Igbo
Alive	*ndu*	dead	*onwu*
All	*niile*	none	*onweghi*
Allow	*kwe*	forbid	*gbochie*
Already	*emela*	not yet	*ọbụbeghị*
Always	*oge nille*	never	*ọdighị*
Ancient	*oge ochie*	modern	*oge ugbua*
Angel	*mmụọ ozi*	devil	*ekwensu*
Animal	*anumanu*	human	*mmadụ*
Annoy	*ikpasu iwe*	satisfy	*ijuafọ*
Answer	*zaa*	ask	*jụụ*
Answer	*zaa*	question	*ajụjụ*
Apart	*iche*	together	*otuebe/ọnụ*
Argue	*ịrụ-ụka*	agree	*ikwere*
Arrest	*inwuchi*	free	*nwere onwe*
Arrival	*ịlota*	departure	*ọpụpụ*

Arrive	mbata	depart	pụọ
Artificial	nkeakamere	natural	mbupụtaụwa
Asleep	n'ụra	awake	iteta/ịmụanya
Attack	ịlụsa ọgụ	defend	ichebe
Attack	ịlụsa ọgụ	defense	nchebe
Back	azu	front	iru
Backward	n'azụ	forward	n'iru
Bad	ọjọọ	good	mma
Big	nnukwu	small	obere
Bottom	okpuru	top	elu
Boy	nwata nwoke	girl	nwata nwanyi
Brave	dimkpa	cowardly	onye ụjọ
Break	gbarie	fix	dozie
Broad	mbasa/n'uju	narrow	warara
Catch	jide	miss	enwetaghi ihe
Ceiling	n'uko	floor	ala
Clever	amamihe	stupid	nzuzu
Close	mechie	open	meghe
Closed	mechiri	open	meghere
Death	ọnwụ	birth	ọmụmụ
Deep	omimi	shallow	emighi emi
Empty	tọgbọrọ n'efu	full	juru eju
End	kwụsị	begin	bido
Ending	ọgwụgwụ	beginning	mmalite
Enemy	onye iro	friend	enyi
Enjoy	kporie ndụ	hate	kpọasị
Enter	banye/bata	leave	pụọ/pụta
Entrance	ụzọ-mbata	exit	ụzọ-ọpụpụ

Equal	*nhata*	difference	*ndimiche*
Even	*nhara*	odd	*adabaghị*
Excited	*obi aṅụrị*	calm	*obi jụụ*
Exclude	*wepu*	include	*gụnye*
Failure	*ọdịda*	success	*ọganiru*
False	*asị/ugha*	true	*eziokwu*
Far	*tere aka*	near	*dị nso*
Few	*obere*	many	*ọtụtụ*
Final	*ikpeazụ*	first	*mbụ*
Find	*chọta*	lose	*tufu*
Finish	*mecha*	start	*bido*
Follow	*soro*	lead	*dube*
Foreign	*nke mba ọzọ*	domestic	*nke mba anyị*
Foreign	*ndị mba ọzọ*	native	*ndị mba anyị*
Form	*mepụta*	destroy	*mebie/bibie*
Fortune	*chi ọma*	bad luck	*chi ọjọọ*
Fresh	*ọhụrụ*	old	*ochie*
Health	*ahụike*	disease	*ọrịa*
Healthy	*arụ igbasi ike*	ill	*arụ adịghị ike*
Heaven	*eluigwe*	hell	*ọkụ mmụọ*
Heavy	*dị arọ*	light	*dị mfe*
Host	*onye nnabata*	guest	*onye ọbịa*
Huge	*buru ibu*	tiny	*pere mpe*
Humane	*obi mmadụ*	cruel	*obi ọjọọ*
Humid	*iru mmiri*	dry	*ịkọcha*
Hunger	*agụụ*	thirsty	*akpịrị ịkpọ nkụ*
Husband	*di*	wife	*nwunye*
Ignore	*ileghara anya*	notice	*ịmara*

Import	*ibubata*	export	*mbupu*
In	*n'ime*	out	*na mpụta*
Left	*n'aka ekpe*	right	*n'aka nri*
Life	*ndu*	death	*ọnwụ*
Light	*ihe*	dark	*ọchịchịrị*
Like	*ịhunanya*	hate	*ịkpọasị*
Liquid	*mmiri mmiri*	solid	*nke siri ike*
Little	*obere*	big	*nnukwu*
Live	*dị ndụ*	die	*nwụọ*
Long	*ogologo*	short	*mkpụmkpụ*
Lose	*ịda*	win	*merie*
Loud	*ụda*	quiet	*jụụ*
Love	*ịhunanya*	hate	*ịkpọasị*
Lovely	*mara mma*	terrible	*jọrọ njọ*
Low	*dị ala*	high	*dị elu*
Lower	*buda*	raise	*bulie*
Major	*isi*	minor	*ntakịrị*
Male	*nwoke*	female	*nwanyị*
Miss	*enwetaghi ihe*	catch	*jide*
Moon	*ọnwa*	sun	*anyanwụ*
More	*nyetukwuo*	less	*pere mpe*
Nasty	*agwa ọjọọ*	nice	*agwa ọma*
New	*ọhụrụ*	Ancient	*mgbe ochie*
Night	*abalị*	day	*ụtụtụ*
Plenty	*ọtụtụ*	lack	*ụkọ*
Rear	*azụ*	front	*iru*
Rude	*nkamanya*	polite	*ịkwanye ugwu*
Rural	*ime obodo*	urban	*obodo mepere*

Sad	*nwute*	happy	*obi ụtọ*
Smooth	*mụrụ mụrụ*	rough	*adịghị mụrụ*
Some	*ụfọdụ*	many	*ọtụtụ*
South	*ndịda*	north	*ugwu*
Town	*obodo mepere*	village	*ime obodo*
Ugly	*njọ*	beautiful	*mma*
Under	*n'opkuru*	over	*ngafe*
Wide	*obosara*	narrow	*warara*
Woman	*nwanyị*	man	*nwoke*
Work	*ọrụ*	rest	*izu ike*

6.2 Singular and Plural (Mkpọlu na Ụbara)

A singular noun addresses one person, place, thing, or idea. A singular noun in a sentence makes that sentence a singular expression. If you look or identify one object and name it, that name is an example of a singular noun. For example, there is one sun in sky during the day and one moon in the sky at night. In these examples the nouns sun, sky, moon, day and night are all singular because they indicate only one.

On the other hand, a plural noun addresses more than one person, place, thing, or idea. A plural noun in a sentence makes that sentence a plural expression. If you look or identify more than one object and name them as a group or combines them in your sentence, that is an example of a plural noun or sentence. For example, herd of sheep, five stars, two pencils and so on.

There are seven methods of singular to plural conversion in Igbo language. The following are some of the categories with examples.

(1) Specialized plural words: In Igbo language, there are two main specialized plural words namely: ndị and ụmụ. The term "ndị" is often used to address people or persons while the term ụmụ is generally used to address children or offspring.

Singular	Mkpoolu	Plural	Ụbara
A person	Mmadụ	People	Ndị mmadụ
A prophet	Onye amụma	Prophets	Ndị amụma
Sheep	Nwa atụrụ	herd of sheep	Ụmụ atụrụ

Notice that singular nouns can be marked with the singular terms: *onye* and *nwa*. The plural noun is expressed with ndị or umu. In a sentence, one can easily distinguish between singular and plural by singling out these special plural nouns. It is also important to note that the word "ụmụ" simply mean "child", therefore can be use for object where the word functions as an adjective.

Singular (mkpoolu) and Plural (Ụbara) sentences
Examples:

English	Igbo
Person has a right to freedom	Mmadụ nwere ike nwere onwe.
People has right to freedom	Ndị Mmadụ nwere ike nwere onwe
A doctor attend to the sick	Onye dọkịta na-elekọta onye ọrịa
Doctors attend to the sick	Ndị dọkịta na-elekọta onye ọrịa
He/she bought this book	Ọ zụtara akwụkwụ a
They bought these books	Ha zụtara akwụkwụ ndị a

It is important to mention that the plural "ndị" unlike "ụmụ" sometimes does not follow the normal pattern of its placement before the noun, but it can be placed after the noun it pluralize. This is because "ụmụ" basically serve the purpose of pluralizing noun of reproductive capacity, and thus are mostly use for human and animals. The following are examples of where "ndị" is placed after the noun it pluralizes.

Singular clause	Igbo	Plural clause	Igbo
That egg	Akwa ahụ	Those eggs	Akwa ndị ahu
That plate	Efere ahụ	Those plates	Efere ndị ahụ.
This chick	Ọkụkọ a	These chicken	Ọkụkụ ndị a

(2) Pluralization through morphemes: "ga" and clitic pronoun "unu" with vowel dropping of "u" are the major morphemes which are used in Igbo language to pluralize a singular noun. Morpheme is a meaningful morphological unit of a language that cannot be further divided. It is also a morphological element considered with respect to its functional relations in a linguistic system. The use of "ga" for plural occurs mostly in dialect, whereas "nu" is more universal and less conflicting during usage.

Example using *"ga"*:

Singular	Plural	Dialect	Universal
Deity	Deities	Arusi ga (PL)	ụmụ arụsị (PL)
Human	Humans	Mmadụ ga	Ndị mmadụ
Spirit	Spirits	Mmụọ ga	ụmụ mmụọ
Angel	Angels	mmụọzi ga	Ndị mmụọzi

Examples using *"nụ"*:

Singular	Plural	Common	Standard
Come	You come	Bia-nụ	Unu bịa
Go	You go	Ga-nụ	Unu bịa
Drink tea	You drink tea	Ṅụọ-nụ tii	Unu ṅụọ tii.
Eat	You eat	Rie-nu nri	Unu rie nri
Hello	Hello	Ndeewo-nụ	Ndeewo-nụ
Hi/Well-done	Hi/Well-done	Daalu-nụ	Daalu-nụ
Thank you	Thank you all	imela-nụ	Unu emela

Notice that when "ga" is used to pluralized a word, it does not become a suffix to the word it pluralize. Remember that pluralization deals with nouns and not with verbs, as a result "ga" cannot be affixed to name of a person, animal, thing, place or ideas as a morpheme. However, because "nu" is a clitic of the pronoun "unu" (second person plural); it can become a suffix to the verb that it follows.

(3) Pluralization through quantifiers and numerals: In English language, pluralization of nouns using quantifiers and numerals follow the method of use of specific numeral to quantify the noun. In Igbo language, the quantifying word are placed after the noun and the noun itself does not modify or take any sort of plural marking feature like "s", "es" "ves" etc as in the case of English language. Quantifiers in Igbo language include:

English	Igbo
All	dum/niile/ncha

Most	imirikiti
Few	olemaole
Many	ọtụtụ
Some	ụfọdụ

When numerals are used, the noun could either be expressed in plural form and have the numerical value as a quantifier or they would remain unchanged and assume their pluralization on the basis of the quantifying value.

a. Example of unchanged pluralized Igbo noun:

English	Igbo
Two Chicken	Ọkụkụ abụọ
Four books	Akwụkwụ anọ

b. Example of post-pluralized Igbo noun:

English	Igbo
Many bachelors	ọtụtụ ndiịkom
Many young men	ọtụtụ ụmụ okorobịa
Most Spinsters	imirikiti ndiiyom
Few young women	olemaole ụmụ agbọghọbịa

Quantifiers that occur at the same time with other plural element in appropriate compositions do exist. They are sometimes considered as noun multiple plural elements. See examples "a" and "b" below:

a. Many old people died of coronavirus.
Ọtụtụ ndị okenye ka ọrịa koronavayịrọsụ gburu.

b. Few students study at their home.
Olemaole ụmụ akwụkwụ na-agụ akwụkwụ n'ụlọ ha.

c. All fingers are not equal
   Mkpịsị aka niile ahaghị

Notice that in example "c" above, the quantifier "niile" (all) came after the word that it modified unlike other quantifiers. Another example is the word "dum" that follows the step of the quantifier "niile". The word "dum" comes after the noun that it modifies, but unlike "niile" which is a plural word, "dum" is a collective plural which makes its expression to appear in singular form. Examples:

a. Ka mmadụ dum ja Chineke mma
 Let every human give God praise.

b. Mmadu dum maara ihe na-eme ha obi ụtọ.
Everyone knows what makes them happy.

Plural quantifiers that preceed the noun they modify are: olemaole, ufodu (few), ọtụtụ and imirikiti. These quantifiers come before the noun they pluralize.

a. Few students study at their home.
Olemaole ụmụ akwụkwụ na-agụ akwụkwụ n'ụlọ ha.

b. Some products are expensive.
Ụfọdụ ngwa-ahịa dị oke ọnụ.

(4) Pluralization through collective/mass noun: Collective noun is a word that denotes a group of people or things. Examples of collective nouns are team, group, herd etc. In Igbo language, the examples of collective nouns are ajụ, igwe, igwurube, oyoko and ukwu. Example:

Crowd	igwe	bunch	ụyọkọ
Flock	igwe	bundle	ukwu
Group	igwe/igwurube	comb/bunch	ajụ
Herd	igwe	library	ọba
Swarm	igwurube	choir	ukwe

When any of the above collective noun semantic is used before singular noun, they become plural. And when used before certain plural nouns e.g. policemen (ndị uweojii), they become a massive form of the plural. For example:

English expression	*Igbo*
a. A flock of birds	igwe Nnụnnụ
b. A herd of sheep	igwe atụrụ
c. A crowd of people	igwe mmadu
d. A group of guinea pigs	igwe oke bekee
e. A swarm of bees	igurube anụ
f. bunch of keys	ụyọkọ igodo
g. bundle of woods	ukwu nkụ
h. comb of banana	ajụ unere
i. library of book	ọba akwụkwọ
h. choir of angels	ukwe ndị mmụọ ozi
i. A series of events	usoro ihe omume
j. A group of policemen	igwurube ndị uweojii

(5) Pluralization through conjunction: Conjunction of a word is used to connect clauses or sentences or to coordinate words in the same clause (e.g. *and, but, if*). When a conjunction joins two singular nouns or noun participle together, they produce plural expression. In Igbo language, this plural form is not usually noticeable, because pluralization do not often modify the noun or verb in the sentence. For examples:

English   Igbo
Emeka and Chịdị are friends   Emeka na Chịdị bụ enyi.
Kanụ na Eze are singing   Kanụ na Eze na-agụ egwu.
Ngozi's parents are here.   Nne na Nna Ngozi nọ ebe a.
He/She has my bag and pen   O ji akpa na mkpịsị odide m.
Nmadị and I are brothers   Mụ na Nnamdị bụ nwanne.

(6) Pluralization through reduplication: Reduplication is a system of pluralization by which a syllable or other linguistic element is repeated exactly to express plural in Igbo language. The pluralized noun usually occurs at the end of the clause or statement and may occur occasionally at the beginning of a sentence. For example,

English   *Igbo*
This fish is full of bones   Azụ a bụ sọ ọkpụkpụ ọkpụkpụ.
That village is all bushes.   Obodo ahụ bụ ọhịa ọhịa.
His barn is made of woods   Ọba ya bụ osisi osisi
Their home is full of people   Ụlọ ha bụ sọ mmadụ mmadụ
Enugu is full of tall buildings Ụlọ-elu Ụlọ elu juru n'Enugu
Downtown is full of banks   Ụlọ-akụ ụlọ-akụ juru Ogbe.

(7) Pluralization of sensitive verb's prefixes: Verbs such as *chi* and *kpo* assume a plural form when prefixed to their root verbs. These prefixes in Igbo are used particularly for pluralization because of their sensitivity to plural arguments. These sensitive verbs are usually expressed in their past or past perfect tense. For example:

English	Igbo	
Word	Singular	Plural
Brought	wetara	chịtara
Remove/took away	wepụrụ	kpopụrụ
Gave	nyere	chiyere

Expression

Amaka gave me a Cocoyam	Amaka nyere m ede. (Singular)
Amaka gave me Cocoyams	Amaka chiyere m ede (Plural)
Eze removed a book	Eze wepuru akwụkwọ (Singular)
Eze removed books	Eze kpopuru akwụkwọ (Plural)
Ngọzị brought a bag	Ngọzị wetara akpa (Singular)
Ngọzị brought bags	Ngọzị chịtara akpa (Plural)

In addition, the plural prefix "nu" (surge) which has the singular form in "ga/fe", can also be used to pluralized nouns when added to verbs as prefix. For example:

English	Igbo
A bee fly across the ocean	Aṅụ gafere óke osimiri (Singular)
Bees fly across the ocean	Aṅụ nufere óke osimiri (Plural)

A locust flew over the land   Igwurube fefere n'elu ala ahụ (SNG)
Locusts swept over the land   Igwurube nufere n'elu ala ahụ
(Plural)

A car passed by my house   Ụgbọ-ala gafere n'akụkụ ụlọ m
(Singular)
Cars passed by my house   Ụgbọ-ala nufere n'akụkụ ụlọ m
(Plural)

6.3 Comparative and superlative adjectives in Igbo language
Comparative adjectives

Comparative adjectives are used to measure, or note the similarity or dissimilarity between two objects they modify. Examples of comparative adjectives are *larger, smaller, faster, higher* etc.. In Igbo language, comparative adjectives are used to compare two objects, events and people. They are used in sentences where two nouns are compared for the purpose of distinction and measurement.

The most common term to describe and compare something or someone is the term "ka". When two items are compared, the comparative adjective "ka" is often placed in-between the two items that are being compared.

Comparative Adjectives That Add only "ka"
The comparative adjectives that add "-er" in the end, Igbo language add the modifier "ka" which stands alone and goes before the noun that is being measured. For example:

English		*Igbo language*	
Root word	**Comparison**	**isiokwu**	**itulerita**
Big	Bigger	nnukwu	ka nnukwu
Bright	Brighter	nchaapụ	ka chapụ
Bright	Brighter	nchaapụ	ka chapụ
Calm	Calmer	nwayọọ	ka nwayọọ
Fat	Fatter	ibu	ka ibu
Flat	Flatter	dị larịị	ka larịị
Happy	Happier	obi ụtọ	ka obi ụtọ
High	Higher	dị elu	ka elu
Large	Larger	ibu	ka ibu
Light	Lighter	dị mfe	ka mfe
Neat	Neater	dị ọcha	ka ọcha
Plain	Plainer	larịị	ka larịị
Rich	Richer	ụba	ka ụba
Sad	Sadder	nwute	ka nwute
Silly	Sillier	nzuzu	ka ezuzu
Soft	Softer	dị nro	ka nro

Note that in the above examples, some of the root word are preceded by "dị" which mean "is". This brings clarity and show singularity of the adjective that is being compared.

Using Igbo Comparative Adjectives in a sentence:
When comparative adjectives are at play, the sentence generally follows this formula: Subject (Noun) + Verb + Comparative Adjective + Than + Direct Object (Noun). The second item of comparison can be omitted if it is clear from the context (final example below).

Examples
a. This box is **smaller** than the one I lost.
Akpatị/Igbe a pere mpe karịa nke m furu efu.

b. Your dog is **faster** than Jim's dog.
   Nkịta gị na-agba ọsọ karịa nke Jim

In the examples above, the comparison has the modifier "than (karịa)" which makes the expression easier to understand. However, you can make the comparison without using the modifier "than (karịa)," as you can see in the following examples.

Comparative Adjectives with two words description
The comparative adjectives that has two words description in Igbo language, verb may be added after the modifier "ka" to make it easier to understand. For example:

Wealthy	Wealthier	ọgaranye	ka baa ogaranye
Mad	Madder	ịnyị ara	ka anyị ara
Nasty	Nastier	agwa ọjọọ	ka agwa ọjọọ

If the two-word translation that has a clear cut description, they are permitted to add only "ka" and some may have a modification of the leading word as you can find in "b" and "c" of the examples below:

Tasty	Tastier	tọrọ ụtọ	ka tọọ ụtọ
Pretty	Prettier	mara mma	ka maa mma
Small	Smaller	pere mpe	ka pee mpe

Subject (Noun) + Comparative Adjective + Direct Object (Noun) + (Verb +) Adjective

a. My house is **larger** than hers.
Ụlọ m ka nke ya.

b. The rock is **higher** than mountain.
Okwute a ka Ugwu elu.

c. Jill is **faster** than Todd.
Jill ka Todd agba ọsọ.

d. My new car is **quieter** than my old one.
Ugbọ-ala m ka nke ochie m dị jụụ.

Comparative Adjectives using reduplicate method
The comparative adjectives that requires accuracy and accentuation, they are reduplicated. In the reduplication system, the two-word either be the same or permitted to have small modification of the second word as you can find in the last example below:

English		Igbo language	
Root word	Comparison	isiokwu	itulerita
Fast	Faster	ọsọ	ọsọ ọsọ
Quick	Quicker	ngwa	ngwa ngwa
Dusty	Dustier	uzuzu	uzuzu uzuzu
Fit	Fitter	dabara	dabara adaba

Comparative Adjectives That Add "More" or "Less"

There are two syllables for root adjectives, you generally place "more" or "less" before the adjective in lieu of the -er ending. In Igbo language, same method is used as in the above. Here are some examples:

English		Igbo	
Bitter	More/less bitter	ilu	ka/akaghị ilu
Clever	More/less clever	nkọ	ka/akaghị nkọ
Modern	More/less modern	ọhụ	ka/akaghi ọhụ
Beautiful	More/less beautiful	mma	ka/akaghị mma
Important	More/less important	mkpa	ka/akagh mkpa

Irregular Adjective Forms

Finally, like irregular verbs, we have irregular comparative adjectives. When you're comparing two items, the following adjectives take on an entirely new word form.

English		Igbo	
Odd	Odder	adabaghị	adabaghịsị
Little	Less	obere	mpekarị

Examples in a sentence:
I have little time, but you have less time.
Enwere m obere oge, mana oge nke gị pekariri.

6.4 Superlative adjectives

Superlative adjectives are used to compare three or more things.

They are used in sentences where a subject is compared to a group of objects. Typically, superlative adjectives in Igbo language use "kacha", "kasi" or kachasị" (instead of "ka"), for example:

English	Igbo
the tallest	kasị ogologo
the smallest	kasị nta/ntakiri/obere
the fastest	kasị ọsịsọ
the highest	kasị elu

Noun (subject) + verb + the + superlative adjective + noun (object).
The group that is being compared with can be omitted if it is clear from the context. Examples;

My house is the **largest** one in our neighborhood.
Ụlọ m **kasị/kachasị** nke ndị agbata obi m n'ibu.

This is the **smallest** box I've ever seen.
Igbe/Akpati a kachasị ndị ọzọ m hụbụrụ pee mpe

Your dog was the **fastest** of any dog in the race.
Nkịta gị kasị nke ndị ọzọ agba ọsọ.

My tree is the **tallest** in our yard.
Osisi m kasị ogologo na mbara ezi anyị.

Forming regular comparatives and superlatives

The forming of comparatives and superlatives is easy. The formation depends on the use of *"ka"* for comparative and *"kacha/kasi/kachasi"* for the superlative. For example:

Adjective	Comparative	Superlative
Tall (*ogologo*)	taller (*ka ogologo*)	tallest (*kasi ogologo*)
Fat (*ibu*)	fatter (*ka ibu*)	fattest (*kachasi ibu*)
Big (*nnukwu*)	bigger (*ka nnukwu*)	biggest (*kacha nnukwu*)
Simple (*mfe*)	simpler (*ka mfe*)	simplest (*kasi mfe*)

Irregular comparatives and superlatives

These common adjectives have completely irregular comparative and superlative forms. However, in Igbo language, the system remains the same except for "little" in the last example below.

Adjective	Comparative	Superlative
Good (*mma*)	better (*ka mma*)	best (*kacha mma*)
Bad (*njọ*)	worse (*ka njọ*)	worst (*kasị njọ*)
Much (*ukwuu*)	more (*ka*)	most (*kasị*)
Little (*obere*)	less (*ka pee mpe*)	least (*kacha pee mpe*)
Sad (*nwute*)	sadder (*ka ewute*)	saddest (*kacha ewute*)

Examples

Your painting is **better** than mine.
Ihe eserese gị *ka* nke m mma

This is the **least** expensive sweater in the store.
Nke a kasi pee mpe na oke ọnụ nke uweoyii n'ụlọ ahịa.

This sweater is **less** expensive than that one.
Uweoyii a ka pee mpe na oke ọnụ karịa nke ahụ.

His house is far from town, but her house is even **farther**.
Ụlọ ya tere aka site n'ime obodo, mana nke ya ka tee aka.

6.5 Uses of "na" in Igbo language
The word "na" is one of the most important word in Igbo language. It is used in many applications in Igbo grammar and its function in a sentence determines how it is written in that sentence. There are five uses of 'na' in the Igbo language and they are:
a. Isingwaa (Main/Root verb)
b. Enyemaka ngwaa (Auuiliary Verb)
c. Njikọ (Conjunction)
d. Mbuụzọ (Preposition)
e. Igwa okwu onye ọzọ (Reported speech)

a. Isingwaa (main/root verb):
Main verb also known as lexical verb or the principal verb is a term used to refer an important verb in the sentence, that typically shows the action or state of subject being. When "na" functions as a main verb, it is written in full and standalone, without being hyphenated with the verb that follows it. If it has a suffix following it, that suffix joins with it to form one word.
For example:
nata ya ego ahụ   get that money from him/her
nara ya akwụkwụ gị   take your book from him/her
napu ya mma ahụ   snatch that knife from him/her

nara ekele m.	accept my appreciation
Ị naa m okwu n'ọnụ	You didn't let me finish (my words)
Ọ nara m akpa	He/She took the bag from me.
Ọ nara gị uche gị	He/She trick/deceived you.
Ọ natara ụlọ	He/She returned home.
Ha nabatara m ozi gị	They accepted what you message

When "na" is followed by the negation "ghị" or "ghi", as a negated auxiliary verb, or "na" that has a suffix, the main verb "na" and the negating suffix "ghị" or "ghi" are written as one word.

For example:
Ọ naghị anụ ihe.	He/She doesn't listen
A naghị egwu egwu	I am not joking.
Ha anaghị agu egwu.	They are not singing.
Anyi anaghị agazi	We aren't going.

b. Nnyemaka ngwaa (auxiliary verb):
An auxiliary verb is a verb that adds functional or grammatical meaning to the clause in which it appears, so as to express tense, aspect, modality, voice, emphasis, etc. Auxiliary verbs usually accompany a main verb. The main verb provides the main semantic content of the clause. When "na" is used as auxiliary verb, the actual verb and the auxiliary verb are written together with hyphen separating the auxiliary verb from the main verb. "Na" helps the main verb indicate an event that is happening, going to happen, regular occurrences, or something that happens from time to time.

For example:
Eze na-awa ji   Eze is cutting/slicing yam.

Obodo ha na-eme omenala ọjị   Their land performs Ọjị
kwa afo.   tradition yearly.

Nnukwu mmiri na-ezo n'ọnwa Jun   It usually rain heavily in the
Afo niile.   month June every year.

Ben na-abịa ebe a   Ben is coming here.

Anyị na-eti egwu   We are musicians.

Remember, that when impersonal pronoun ("a" or "e") and a verb are separated by "na" in a sentence, as explained under parts of speech, the "na" becomes a suffix to impersonal pronoun and it is followed by first personal singular or third person plural. The verb is allowed to stand alone without being hyphenated to "na".
For example:

Ana m ajụ gị   I am asking you
Ana m eri nri   I am eating
Ana ha agu akwụkwụ   They are studying/reading.

c. Njiko (Conjunction):

A conjunction is a part of speech that connects words, phrases, clauses or sentences together. In Igbo language, when "na" functions as a conjunction, it is written in full and as a standalone.
For example:

Obi na Ada gara ahịa	Ada and Obi went to market.
Aba na Imo bụ ala ndị Igbo	Aba and Imo are Igboland.
Eze na Ugo churu mmiri	Eze and Ugo fetched water.
Ugo and Ngọzị bụ nnwanne	Ugo and Ngọzị are siblings.

d. Mbuụzọ (Preposition):

Preposition is a word that links noun or pronoun to other words. It usually preceeds a noun or pronoun, and expresses a relation to another word or element in the clause. When "na" function as a preposition, in a sentence or expression, when "na" is followed by a word that starts with a vowel, then "a" in "na" is removed and replaced with apostrophe. This form of expression is known as vowel elision. Examples of three Igbo popular prepositions are: on, under and at expressed as n'elu (on top), n'okpuru (under), n'etiti (at the middle).

Examples are shown in the following sentences:

Agụ bi n'ime Ọhịa	Tiger lives in the forest.
Anyi bi n'Enugu	We reside in Enugu
Ọ biara n'ụkọ	He/She arrived during famine
Oke no n'okpuru oche ahụ.	There's a rat under that chair.

However, when "na" is followed by a word that starts with a consonant, "a" in "na" remains. The "na" is written in full and as a standalone.
For example:

Eze bi na Warri	Eze lives in Warri.
Amaka nọ na be Ngozi	Amaka is at Ngozi's house.

e. Ikọwapụta okwu onye ọzọ (Reported speech)

Reported speech also known as Indirect speech is a means of expressing the content of statements, questions or other utterances, without quoting them explicitly as is done in direct speech. In Igbo language when "na" is used to convert direct speech to indirect speech, in the form of demonstrative, present tense or future tense. In any of these situations, "na" is written in full and as a standalone.

For example:

O sị na o ahịa na-agba ọkụ	He/She said that the market is on fire.
Ha ma na ọ ga-emechi	They knew it would be closed down.
Ibe sị na ajụjụ gị dị mma	Ibe said that your question is good.

Let us now consider the verb sị, gwa, and kwu in the content of indirect speech.

Eze sị na ọ ga-enwetara gị akwụkwụ ajụjụ ule gị
(Eze said that he would bring your exam question paper for you.)

Eze sị na ya ga-alụ nwanne gị nwanyị
(Eze said that he would marry your sister)

Ada gwara anyị na ya ga-alụ Eze
(Ada told us that she would marry Eze.)

Obi gwara anyị sị (na) ya na Ugo jere Ahịa
(Obi told us that Ugo and him went to market.)

Nnamdi kwuru na ya ga- bịa n'ubọchị Ụka.
(Nnamdi said that he would come on Sunday.)

Ngọzị kwuru sị (na) ya ga-asa akwa n'ehihie.
(Ngọzị said that he would do the laundry in the afternoon)

In the above examples, the root verbs "sị", "gwa" and "kwu" were used to show reported speech and some statement of assertions. In these examples, "sị" stood out as the only verb that introduces both direct and indirect speech complements.

EXERCISE

1. Choose from the bracket the right opposite of the word

(a). Death _____ (omimi, ọnwụ, emighi emi)

(b). Birth _____ (omimi, ọmụmụ, emighi emi)

(c). Deep _____ (omimi, ọmụmụ, emighi emi)

(d). Shallow _____ (omimi, ọmụmụ, emighi emi)

(e). Empty _____(ọmụmụ juru eju, tọgbọrọ n'efu)

(f). Full _____(ọmụmụ juru eju, tọgbọrọ n'efu)

2. Indicate using (SG) and (PL) to show singular and plural in the following Igbo sentences.

(a). Ha zutara akwụkwụ ndị a _____

(b). Mmadụ nwere ike nwere onwe. _____

(c). Ndị Mmadụ nwere ike nwere onwe _____

(d). Ndị dọkịta na-elekọta onye ọrịa _____

(e). Onye dọkịta na-elekọta onye ọrịa _____

(f). Ọ zutara akwụkwụ a _____

3. What are the two specialized Igbo Words?
_____
_____

4. Give four examples of Pluralization through collective/mass noun
_____
_____
_____
_____

5. Give four examples of Pluralization through morpheme noun

_____
_____
_____

6. List four uses of "na" in a sentence

(a). _____
(b). _____
(c). _____
(d). _____

7. Give four examples of Pluralization through reduplication noun

_____
_____
_____
_____

8. Fill in the gap with comparative adjective (ka ibu, ka obi ụtọ, ka larịị, ka nwayọọ, ka elu, ka ibu)

(a). Calmer   _____
(b). Fatter   _____
(c). Flatter   _____
(d). Happier   _____
(e). Higher   _____
(f). Larger   _____

9. Give three examples Irregular comparatives and superlatives

_____

_____

_____

_____

10. Provide the superlative adjective of the following
(a). the tallest   _____
(b). the smallest   _____
(c). the fastest   _____
(d). the highest   _____

ELISHA O. OGBONNA

Chapter Seven

Numbers, Dates and Time (Ọnụ-ọgụgụ, Ụbọchị na Oge)

7.1 Cardinal, Ordinal and Collective numerals
Currently, counting in Igbo is based on decimal (10) after the old version of base 20 could not make its way into the evolving Igbo society. Examples of the old version are Ọgụ (20) and Nnụ (400). This system had the challenge of satisfying trade and counting that falls into decimal (base 10), as a result the society embraced the use of modern method. The modern method could reach farther and up to trillion counts while the old version was unable to get there. The following are decimal (10) base counting systems currently in use in Igbo land.

Cardinal numbers
A Cardinal number is a number that says how many of something are there. The following are cardinal numbers in Igbo language.

English		**Igbo Language**
Words	Figures	Ọnụ-ọgụgụ
Zero	0	efu
One	1	out

Two	2	abụọ
Three	3	atọ
Four	4	anọ
Five	5	ise
Six	6	isii
Seven	7	asaa
Eight	8	asatọ
Nine	9	iteghete/itoolu
Ten	10	iri
Eleven	11	iri na otu
Twelve	12	iri na abụọ
Thirteen	13	iri na atọ
Fourteen	14	iri na anọ
Fifteen	15	iri na ise
Sixteen	16	iri na isii
Seventeen	17	iri na asaa
Eighteen	18	iri na asatọ
Nineteen	19	iri na iteghete/itoolu

Twenties

Twenty	20	iri abụọ
Twenty one	21	iri abụọ na otu
Twenty two	22	iri abụọ na abụọ
Twenty three	23	iri abụọ na atọ
Twenty four	24	iri abụọ na anọ
Twenty five	25	iri abụọ na ise
Twenty six	26	iri abụọ na isii
Twenty seven	27	iri abụọ na asaa

Twenty eight	28	iri abụọ na asatọ
Twenty nine	29	iri abụọ na iteghete/itoolu

Tens, Hundreds and Thousands

Thirty	30	iri atọ
Forty	40	iri anọ
Fifty	50	iri ise
Sixty	60	iri isii
Seventy	70	iri asaa
Eighty	80	iri asatọ
Ninety	90	iri iteghete/itoolu
One hundred	100	Otu nari
One thousand	1000	Otu puku
One million	1,000,000	Nde
One billion	1,000,000,000	Njeri
One trillion	1,000,000,000,000	Ndeende
Infinity/Uncountable		Agụtachaghị n'ọgụ

Ordinalnumbers

An Ordinal number is a number that tells the position of something in a list. The following are ordinal numbers in Igbo language.

English language   **Igbo language**

Words	Figures	Ọnụ-ọgụgụ
First	1st	nke mbụ
Second	2nd	nke abụọ
Third	3rd	nke atọ
Fourth	4th	nke anọ
Fifth	5th	nke ise

Sixth	6th	nke isii
Seventh	7th	nke asaa
Eighth	8th	nke asato
Ninth	9th	nke itoolu
Tenth	10th	nke iri
Twentieth	20th	nke iri abụọ
Thirtieth	30th	nke iri atọ
Fortieth	40th	nke iri anọ
Fiftieth	50th	nke iri ise
One hundredth	100th	nke otu nari
One thousandth	1000th	nke otu puku
One millionth	1,000,000	nke out nde

Multiplicative Numbers

Multiplicative numbers represent repetition and do not represent any value higher than three. It is often used to describe action or attempt that exceed previous or several previous actions or attempts.

English language	**Igbo language**
Words	Ọnụ-ọgụgụ
Once	otu ugboro
Twice	ugboro abụọ
Thrice	ugboro atọ

Partitive Numbers

Partitive numbers are used to refer to only a part of a whole. It can also represent equal parts into which something is or can be divided.

English language		Igbo language
Words	Figures	Ọnụ-ọgụgụ
Half	½	Ụkara/nkeji abụọ
Quarter	¼	Nkeji nke anọ
Three quarter	¾	Nkeji atọ

Collective Numeral

Collective numeral is a numeral that signifies that several persons or things are considered as one group or whole.

English	Igbo language	
Words	human	things
Twins/double	Ejima	ọgbara abụọ
Triplets/triple	Mmaji/Ejima atọ	ọgbara atọ
Quadruplets	Mmaji/Ejima anọ	ọgbara anọ

7.2 Days and Time (Oge na Ubochi)

Days of the week

Monday	monde
Tuesday	tuzde
Wednesday	wenzde
Thursday	tọzde
Friday	fraide
Saturday	satde
Sunday	ụbọchị ụka

Time

Morning	Ụtụtụ
Afternoon	Ehihie
Night	Abalị
Start	Mbido
End	Nkwụsị

Early	n'oge
Now	kịta
Today	tata
Tonight	abalị a/abani tata
Tomorrow	echi
Yesterday	Ụnyahụ/ụbọchị gara aga
Future	Oge na-abia
Past	Oge gara aga
Forever	Ebighi ebi
Clock	elekere
Minutes	Nkeji
Hour	elekere/awa (okwu mbite)

One O'clock	otu elekere
Two O'clock	elekere abụọ
Three O'clock	elekere atọ
Four O'clock	elekere anọ
Five O'clock	elekere ise
Six O'clock	elekere isii
Seven O'clock	elekere asaa
Eight O'clock	elekere asatọ
Nine O'clock	elekere iteghete/itoolu
Ten O'clock	elekere iri
Eleven O'clock	elekere iri na otu
Twelve O'clock	elekere iri na abụọ

Saying the time:

	Igbo	English
(a).	O jirila nkeji iri abụọ gafee elekere ise nke ụtụtụ	It's twenty minutes past five am/in the morning.

(b). O jirila nkeji iri abụọ na ise gafee elekere iri nke ụtụtụ. It's twenty-five minutes past ten am/in the morning

(c). Elekere asaa nke ụtụtụ a kụọla It's seven O'clock in the morning

(d). O jirila nkeji iri atọ na ise gafee elekere iri nke ehihie. It's thirty-five minutes past ten pm/in the afternoon

(e). O jirila ụkara gafee elekere iri na abụọ nke ụtụtụ. It's half past twelve am/ in the morning

(f). Ọ fọdụrụ nkeji iri na ise ka elekere iri nke ụtụtụ kụọ a. It's fifteen munites to tent am/in the morning

7.3 Food and Spices

English	Igbo
Bitter leaf	onugbu
Breakfast	nri ụtụtụ
Lunch	nri efifie
Dinner	nri abalị
Bread	achịcha
Cashew	asiboko
Coffee	kọfị
Dinner	nri abanị
Garri	utara akpu eghere eghe.
Food	nri
Groundnut	ahuekere

Huger	Agụụ
Indian spinach	Ngbọlọdị
maggi	Ogiri bekke
Honey	mmanu anu
Meat	Anu
Bushmeat	Anuohia
Milk	mmiri ara-ehi
Oil	mmanụ
Onions	alibasa
Pepper	ose
Potatoes	nduko
Salt	nnu
Soup	ofe
stew	ofe akwu, ofe tomato
Spinach	aghara/aṅara
Stock fish	okporoko
Sugar	Nnu bekee
Vegetable	akwụkwụ
Branch	ngalaba osisi
Oil	mmanụ nri

Plants/Fruits:

Apples	aplụ
Avocado	ube bekee
Bananas	unene
Beans	agwa
Corn	ọka
Breadfruit	Ukwa

Coconut	Akị bekee
Egg	akwa
Fish	azụ
Forest	ohia
fruit	mkpuru osisi
seed	mkpuru
Fruits	akwụkwọ ndụ
Kernel	aki
Mushroom	ero
Pawpaw	Okwuru oro/Okwuru bekee
Tomatoes	tomato
pineapple	akwu olu
banana	unere
plantain	jioko/ogede
Rice	osikapa
Tomatoes	tomatosi
Yam	ji

Exercise

1. Write down the following numbers in Igbo words

(a). 129

(b). 2020

(c). 1,000319

(d). 2112

(e). 1,000,000

2. Write down the following time in Igbo words

(a) 10.05 am

b) 2.45 pm

_____

(c). 11.55 p.m.

_____

_____

(d). 12 noon (pm)

_____

3. Mention any five fruits in Igbo words

_____

_____

4. What are the Igbo words for the following?
a. Today _____
b. Tonight _____
c. Now _____
d. Tomorrow _____
e. Yesterday _____

5. What are the Igbo words for the following?
a. Banana _____
b. Twins _____
c. Sunday _____
d. First _____
e. Infinity _____

Chapter Eight

Nature, Shapes and Colours (Ọdịdị na Agba)

8.1 Nature and Weather (Eke na ihu Igwe)
Nature and Weather (Eke na ihu Igwe)
Nature:

Cold	oyi
Harmattan	Ụgụrụ
Hot	ọkụ ọkụ
lightning	amuma igwe
thunder	egbe elu igwe
wave	ebili/ebili mmiri
pond	iyi
Rainy	mmiri
river	osimiri
lake	ezu/ọdọ mmiri
Snowy	Ọdịda snoo
Sunny	anwụ anwụ
Windy	ikuku ikuku
Fire	ọkụ
Hill	ugwu

Land	ala
Moon	ọnwa
Root	okwute
Sand/soil	aja
Sky/heaven	elu igwe
Star	kpakpando
Sun	anwụ
Tree	osisi
Wind/Air	ikuku

8.2 Shapes and Colours (Ọdịdị na Agba)

Shapes:

Circle   okirikili/Gburu Gburu

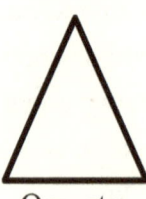

Oval   Bọrọ Bọrọ

Triangle   Ọnụ-atọ

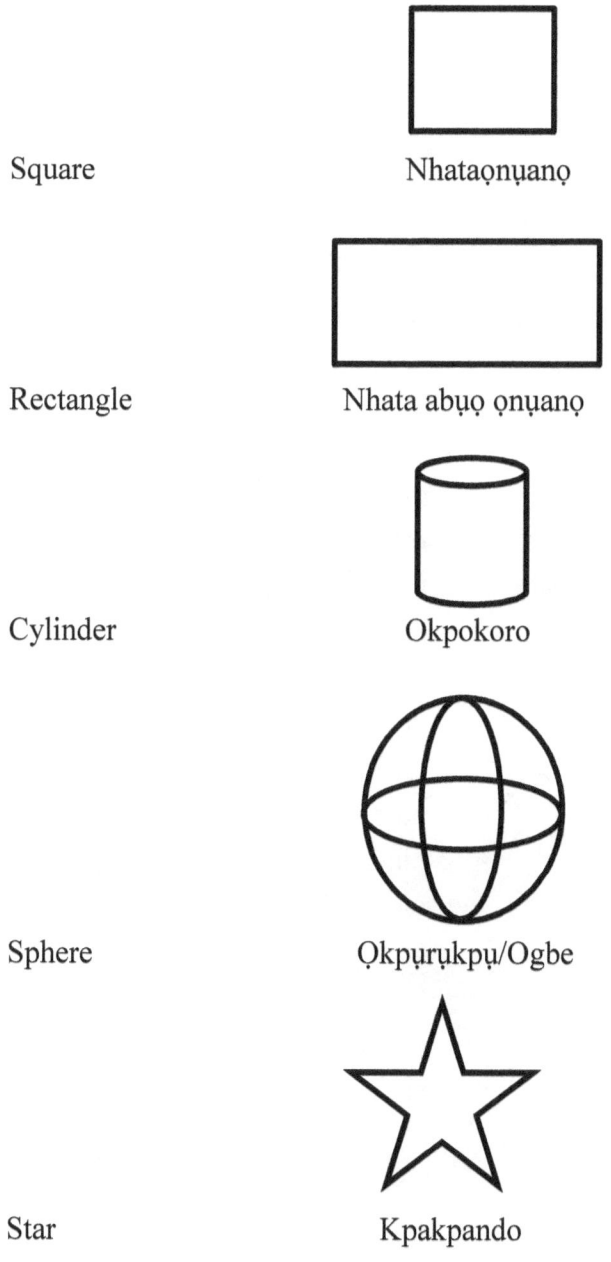

Shape	Igbo
Square	Nhataọnụanọ
Rectangle	Nhata abụọ ọnụanọ
Cylinder	Okpokoro
Sphere	Ọkpụrụkpụ/Ogbe
Star	Kpakpando

Heart   Ọdịdị obi

8.3 Colours
Colour:
Oji   black
Uri   brown
mme mme/ọbara ọbara   red
uhie-edo, oroma   orange
Edo   yellow
Akwụkwọ ndụ   green
Amaloji   blue
Ugo, ododo   purple
Uhie ọcha   pink
Ododo   violet
Ntụ-ntụ   grey
Ọcha   white
Ọla ocha   silver
Ọla edo   Gold

Exercise

1. Write down the following colours in Igbo words
   a. Red _____
   b. Yellow _____
   c. Orange _____
   d. Grey _____
   e. Pink _____

2. List three round shapes in Igbo words

   _____
   _____
   _____

3. Mention any four shapes in Igbo words.

   _____
   _____
   _____

4. What are the Igbo words for the following?
   a. Gold _____
   b. Silver _____
   c. Grey _____
   d. Black _____
   e. White _____

5. Match the following the weather conditions below in Igbo words

(a). Cold   anwụ anwụ
(b). Harmattan   iyi
(c). Snowy   oyi
(d). pond   Ụgụrụ
(e). Sunny   Ọdịda snoo
(f). Hot   mmiri
(g). Rainy   egbe elu igwe
(h). lightning   osimiri
(i). thunder   ebili/ebili mmiri
(j). wave   amuma igwe
(k). river   ikuku ikuku
(l). lake   ezu/ọdọ mmiri
(m). Windy   ọkụ ọkụ

Chapter Nine

Body, Dressing and Things (Ahụ mmadụ, Ejiji na Aha ihe)

9.1 Parts of human body

English	Igbo	English	Igbo
Head	isi	Hair	ntutu isi
Eyes brow	Nku anya	Eyes	anya
Ears	nti	Nose	imi
Mouth	ọnụ	Teeth	eze
Tongue	ire	Jaw/chin	agba
Mustache	afa onu	Shoulder	nkuku ubu
Elbow/arm	ala aka	Palm	obo aka
Chest/heart	obi	Breast	ara
Hand	aka	Fingers	nkpisi aka
Stomach	afo	Belly button	otubo
Hip/waist	ukwu	Thigh	agada
Knee	ikpere	Leg	ukwu
Toes	nkpisi ukwu	Back	azu
Bottom	ike	Foot	ike ukwu
Male genital	amụ	Female genital	ikpu/ọtụ

Human inner organs

Brain	ụbụrụ isi
Stomach	afọ/ime afọ
Liver	imeji
Bones	okpukpu
Lungs	ngụgụ
Veins and artery	akwara
Gall bladder	oli ilu
Small intestine	obere eriri afọ
Large intestine	nnukwu eriri afọ
Heart	obi
Kidneys	akpa nwamiri
Urinary bladder	akpa nwamiri
Womb	akpa nwa
Bones	ọkpụpkụ
Joints	Njiko okpukpu
Marrow	ụmị
Fat (meat)	abụba

9.2 Beauty/Fashion/Dressing:

English	Igbo
Bag	Akpa
Bathrobe	efe ịsa ahụ/akwa mmiri
Belt	nke n'ukwu/eriri ukwu
Blouse	uwe elu nwanyị
Boots	buut
Bracelet	mgbaaka

Cloak	ezo
Coat	kootu
Cosmetics	Uri
Mirror	Enyo
Cream	Ude
Dress/gown	uwe
Ear rings	ihe ntị
Garb	Ejiji
Glasses	ugegbe anya
Gloves	uwe aka
Hair	Ntutu
Hat/cap	okpu
high heel shoe	koi koi/kapusu
Paint	Amama/Uri
Hoodie	efe isi mkpuchi
Necklace	ihe onu
Raincoat	efe mmiri ozuzo
Ring	mgbanaka/ọlaaka
Sandals	akpụkpụ uụkwụ mgbachi
Scarf	ịchafụ
Shell/Vessel	ọkpọkọrọ
Shirt/T-shirt	uwe elu
Shoes	akpụkwụ ụkwụ
Shorts/nickers	uwe ọkpa nta/obere nchara
Skirt	uwe mwwụda
Slippers	ihe ụkwụ
Socks	sọks
Suit	kootu ụdị ahụ

Sunglasses	ugebge ncheanwụ
Sweater	efe oyi
Swimsuit	uwe igwu mmiri
Tie/bow tie	eriri olu
Trousers	uwe ọkpa ogologo/ogologo nchara
Wallet	obere akpa/akpantakịrị

9.3 Object and things

English	Igbo
fork	ngaji ngwụta/ngajị eze
spoon	ngajị
knife	mma
rope	ụdọ
pebble	mkpuru okwute
trough	ana ana/ala ala
peak	enu enu/elu elu
crest	enu enu/elu elu
charcoal	uyi
ladder	nzo/obe obewe
guitar	ubo akwara
lamp	mpanaka
bottle	ololo/karama
Key	igodo
kitchen	isi ekwu
measure	nene/lele
quantity	ole
size	ibu
needle	ntutu/aga

Padlock	Mgbachi
stairs	ihe nrigo ụlọ/ubibi ulo
deck/porch	oche mgbabiri
wall	mgbidi
Table	okpokoro
Radio	Ngere ozi
Stone	okwute/nkume

Exercise

1. Write down the following parts of the body in Igbo words
   a. Head _____
   b. Eyes _____
   c. Ears _____
   d. Mouth _____
   e. Shoulder _____

2. List any three inner human organs in Igbo words

   _____
   _____
   _____

3. Mention four dressing of the upper body in Igbo words.

   _____
   _____
   _____

4. What is the Igbo word for the following?
   a. Bag   _____
   b. Shoes _____
   c. Shirt _____
   d. Skirt _____
   e. Blouse _____

5. Match the following with appropriate Igbo words

(a). ngaji ngwụta   lamp
(b). ụdọ   peeble
(c). mkpuru okwute   quantity
(d). uyi   ladder
(e). nzo/obe obewe   measure
(f). ubo akwara   bottle
(g). mpanaka   rope
(h). ololo/karama   charcoal
(i). igodo   ladder
(j). nene/lele   key
(k). ole   fork

Chapter Ten

Animals, Bird and Insects (Aha Anu di iche iche)

10.1 Domestic animals

Camel	Ịnyịya ibu
Cat	Nwamba/Nwologbo
Cattle	Ehi
Chick	Nwa Ọkụkọ
Cock	Oke Ọkpa
Cow	Ehi
Dog	Nkịta
Domestic Goose	Ọkwa ụlọ
Donkey	Jakị
Dove	nduru ala
Duck	Ọbọgwụ
Female goat	Nne ewu
Fowl/Chicken	Ọkụkọ
Goat	Ewu,
Gold fish	Azụ ọlaedo
Guinea pig	Oke Bekee
Hen	Nnekwu
Horse	Ịnyịya

Male goat	Mkpị
Parrot	Icheku
Pig	Ezi
Pigeon	Nduru
Rabbit	Ewii
Ram	Ebule
Sheep	Atụrụ
Turkey	Torotoro
Wall gecko	Agụ ụlọ

10.2 wild animals

Africa Civet	Edi Ụra
Antelope	Mgbada
Arctic wolf	Agụ nkwọ
Bat	Ụsụ
Bear	Ebu
Boa Constrictor	Eke Ọgba
Buffalo	Atụ/ Atụ edi
Camel	Ịnyịya ibu
Chameleon	Ogwumuagana
Chimpanzee	Adaka
Deer	Ele
Dolphin	Azụ dọfịn
Elephant	Enyi
Fox	Nyanwuruede
Gaboon Viper	Echi Eteka
Galago/Bushbaby	Ikiri/Ikili
Giraffe	Atụ

Goose/Bush fowl	Ọkwa
Gorilla	Ọzọdịmgba
Grass cutter	Nchị
Guinea fowl	Ọgazị
Hippopotamus	Utobo/Akum
Hog	Ezi Ọhịa
Hyena	Edi/Nkịta Ọhịa
Iguana	Ngwere aghụ
Leopard	Agụ/owuru
Lion	Ọdụm
Lizard	Ngwere
Monkey	Enwe
Ostrich	Enyi Nnụnụ
Owl	ikwikwi
Porcupine	Ebị Ogwu
Wild rat	Ewii ala
Monitor lizard	Ụlor/Ụloh
Baby lizard	Ọgba Nwantịtị
Rat	Oke
Scorpion	Akpị
Shrew	Nkapị/Nkakwụ
Snake	Agwọ
Sparrow	Nza
Squirrel	Ọsa/Ulili
Stork	Okpoko
Tortoise	Mbe
Turtle	Mbe mmiri
Viper	Ajụala
Wolf	Nkịta Ọhịa

10.3 Amphibians

Alligator	Aghụ
Cod fish	Okporoko
Crab	Nshịkọ
Crayfish	Ịsha
Crocodile	Aguiyi
Eel	Ebi iyi
Fish	Azụ
Frog	Mbara/Akiri
Gold fish	Azụ ọlaedo
Periwinkle	Ịsam
Snail	Eju/Ejule
Tilapia	Azu asa
Toad	Awọ
Turkey	Torotoro

10.4 Birds (Nnụnụ)

Dove	Nduru
Eagle	Ugo
Egret	Chekeleke
Hawk	Egbe
Kite	Nkwọ
Ostrich	Enyi Nnụnnụ
Peacock	Ekwuru ụlọ
Swallow (bird)	Eneke Ntị Ọba
Vulture	Udele
Weaver bird	Egule
Wood Pecker	Ọtụ kpọkpọ
Worm	Okpo

10.5 Insects, Bugs and Worms

Ant	Ijere
Bedbug	Chịnchị
Termite	Akịka
Winged termite	Akụ
Bee	Anụ
Beetle	Ebeta/Ebe
Black Ant	Agbịsị
Butterfly	Ilokolo Ibuba
Centipede	Ọgbakụlụ
Cockroach	Ụchịcha
Cricket	Mbuzu/Mgbaja/Nte
Dragon fly	Tatambeneke
Earthworm	Ịdịde
Grasshopper	Ụkpala
House fly	Ijiji
Locust	Igwurube
Maggot	Ikpiri/Ikpuru
Millipede	Esu
Mosquito	Anwụ nta
Praying Mantis	Okongono/Ngbogo
Spider	Ududo
Taylor Ant	Akpọlido/Akpịlịdo
Wasp	Ebu
White Ant	Arụrụ

10.6 The Gender of some animals

In Igbo language there are countless different species and for each species there is a different or related name. This is especially the case for wild animals and a few domestic animals.

However, in order to indicate, whether we are talking about a male or a female of the species, sometimes we need a way of differentiating even further. In Igbo language separate terms are used for some animals to signify their gender. Most of the animals are distinguished using term *"oke"* for masculine or *"nne"* for feminine.

The obvious examples are hen and rooster, but there are many other animals that are gendered. If you'd like to find out the correct male and female names for these animals and many more, then check the list below. As you'll see, there is a repetition when it comes to these names, but there are still examples where you'll find a unique term for a specific animal.

Male	*Oke*	*Female*	*Nne*
Bear	Ebu	Sow	Nne Ebu
Bull	Ebule	Cow/Heifer	Nne Ebule
Roaster	Okeokpa	Hen	Nnnekwu
Dog	Nkịta	Bitch	Nne Nkịta
Drake	Ọbọgwụ	Duck	Nne Ọbọgwụ
Drone	Oke Aṅụ	Bee	Nne Aṅụ
Fox	Nyanwuruede	Vixen	Nne Nyanwuruede
Gander	Oke Ọkwa	Goose	Nne Ọkwa
Lion	Agụ	Lioness	Nne Agụ
Peacock	Ekwuru ụlọ	Peahen	Nne Ekwuru ụlọ
Ram	Ebule	Ewe	Atụrụ
Stag (Deer)	Ele	Doe/Hind	Nne Ele
Stallion	Oke Ịnyịya	Mare	Nne Ịnyịya
Tiger	Agụ	Tigress	Nne Agụ
Male goat	Mkpị	Female goat	Nne ewu

Exercise

1. Write down the following domestic animals in Igbo words
a. Chicken _____
b. Cat _____
c. Dog _____
d. Goat _____
e. Turkey _____

2. Write down three wild animals in Igbo words
_____
_____
_____

3. Mention four gendered animals in Igbo words.
_____
_____
_____

4. What is the Igbo word for the following?
a. Wood Pecker _____
b. Parrot _____
c. Gold fish _____
d. Tilapia fish _____
e. Snail _____

5. Match the following with appropriate Igbo words

(a). Anụ	Dragon fly
(b). Ebeta/Ebe	Locust
(c). Agbịsị	House fly
(d). Ilokolo Ibuba	Grasshopper
(e). Ọgbakụlụ	Earthworm
(f). Ụchịcha	Cricket
(g). Mbuzu/Mgbaja/Nte	Cockroach
(h). Tatambeneke	Centipede
(i). Ịdịde	Butterfly
(j).. Ụkpala	Black Ant
(k). Ijiji	Beetle
(l). Igwurube	Bee

Chapter Eleven

Ewumewu (Institution)

11.1 Family (Ezinụlọ) Aha di no n'ezinulo
Family, Friends and People

English	Igbo
Grandparents	nne na nna ochie
Grandfather	nna nna/nna Ochie
Grandmother	nne nna/nne Ochie
Parents	nne na nna
Son	nwa nwoke
First son	Ọkpara
Daughter	nwa nwanyị
First daughter	Ada
Father	nna/papa
Mother	nne/mama
Brother	nwa nne m nwoke
Sister	nwa nne m nwanyị
Uncle	Nwanne nna/Deede
Aunt	Nwanne nne/Daaada

Cousin	Nwa nwanne nna/nne
Nephew	Nwa nwanne m nwoke/nwanyị Nke nwoke / ma ọ bụ nke Ọgọ nwoke/nwanyị)
Niece	Nwa nwanne m nwoke/nwanyị nke nwanyị / ma ọ bụ nke Ọgọ nwoke/nwanyị)
Child	Nwa/Nwatakịrị
Baby	Nwa
Twins	Ejima/Ụmụ ejima
Children	Ụmụaka/Ụmụntakịrị
Grandchildren	Ụmụ ụmụ
Boy	nwa nwoke
Girl	nwa nwanyị
Man	nwoke
Woman	nwanyi
Siblings	Ụmụ nne
Older brother	nwa nne m nwoke nke nnukwu
Older sister	nwanne m nwanyị nke nnukwu
Younger brother	nwanne m nwoke nta
Younger sister	nwanne m nwanyị nta
Young lady	Agbọghọbịa
Young man	Okorọbịa
Relative	Ụmụ nwanne/nwanna
Elders	Ndị okenye/Ndị ichie
Husband	Dị
Wife	Nwunye
In-laws	Ọgọ

My Mother-in-law	Ọgọ m Nwanyị
My Father-in-law	Ọgọ m Nwoke
Friend	Enyi
Boyfriend	Enyi Nwoke
Girlfriend	Enyi nwanyị
Old friend	Enyi m Ochie
New friend	Enyi m Ọhụrụ
Neighbor	onye agbata obi
Stranger	Onye Ọbia
Enemy	Onye iro
Person	Mmadụ
People	Ndị mmadụ
Public	Ọha mmadụ
Human beings	Ụmụ mmadụ
Man	Nwoke
Woman	Nwanyị
Mr./Mister	Mazị
Mrs.	Oriakụ/odoziakụ
Widow	Nwanyị Isimkpe
Orphan	Nwa Ogbenye
Boy	Nwa Nwoke
Girl	Nwa Nwanyị
Boss	Onye isi
Face to face	ihu n'ihu
Laugh	Ọchị
Nkem	mine
Romance	nmekota ịhụnanya
Wedding	agbam akwụkwọ

Secret	ihe nzuzo
private	nke onye
security	nchekwa
Love	ihụnanya
Peace	udo
Joy	Ọṅụ
Smile	amu

11.2 Home, Home Items and Activity

Backyard	Azụ ụlọ
Bathroom	Ụlọ ịsa ahụ
Bathtub	Okpokoro ịsa ahụ
Bedroom	Ime Ụlọ/Ụlọ akwa
Brush your hair	koo/ Vụọ isi gị
Brush your teeth	Chịa eze gị
Brushes	Nko
Bucket	Bọkeeti
Cabinet	okpokoro
Candle	Ori ona
Clothes peg/pin	Njido akwa
Clothesline	Ụdọ nkowe akwa
Comb your hair	Vụọ isi gị
Cook	Sie nri
Dance/music	egwu
Detergent	ncha mmiri
Dish soap	efere ncha
Dream	nrọ
Drink	Mmanya

Dry off (body)	Hicha ahụ gị
Eat	Rie
Electricity	Ọkụ Eletirik
Get dressed	Jikere
Get undressed	Yipu uwe gị
Get up	kulie
Gift	onyinye
Go to bed	Lakpuo ura
Hair dryer	Nchako isi
Hangers	Nkowe akwa
Have a bath	Je sa ahụ
Heater	Nkpomoku
Iron your clothes	Dee akwa gị
House	Ụlọ
Keyboard	Oyorompiaka
Kitchen	Usekwu
Laundry basket	Nkata nsa akwa
Laundry	Nsa akwa
Lies	okwu asị
Listen to music	Gere egwu
Make your bed	Dozie akwa ndina
Measuring jug	Udu Mmanye
Mop	ihenhicha Ụlọ
Peace	udo
Phone	Ekwe ntị
Polish	ihenhicha ihe ụkwụ
Pram/Stroller	Ugbonwa
Room	ime ụlọ
Promise	nkwa

Shampoo	shampu
Shave	Kpụọ afụ ọnụ
Shower	Sa ahụ/Ebe Ị sa ahụ
Sink	efere isa aka
Soap powder	ncha powder
Soap	Ncha
Soapy water	mmiri ncha
soft	poko poko/nlo
pillow	nchekwisi.
Wake up	Teta/ Kulie n'ụra
Sweep the floor	zaa ụlọ
Table	Agada
Toilet paper	akwụkwọ mposi
Table	Okpokoro
Thought	echiche
Toilet	ụlọ mposi
Toothbrush	ihe nchị eze
Toothpaste	ncha nchị eze
Towel	Akwa nhịcha ahụ
Trash bag	Akpa ahịhịa/nkpocha
Trash can	gbomgbom nkpocha
Wash the dishes	saa efere
Wash your clothes	saa akwa
Wash your face	saa ihu/iru gị
Wash your hair	saa ntutu isi gị
Washing machine	igwe na-asacha
Watch TV	kirie ihe Oyoyo

Window	Mpio
Door/way	Ụzọ

Outdoor/Indoor

Birthday celebration	Ụbọchi a mụrụ onye Mme-mme/Emume
Playground	ama egwuregwu
Park	ebennọkọta

11.3 School (Ụlọ Akwụkwọ)

School and Activities (Ụlọ Akwụkwọ na ihe omume)

Education:

Backpack	Akpa-azụ/Akpa ubuaka
Ball	Bọl
Book	akwụkwọ
Chair	Oche
Chalk	nzu Odide ihe
Climber	Ihe nrigo Ụmụakwụkwọ
Computer	kọmputa
Crayons	Nka odide
Desk	Oche ndebe akwụkwọ
Dictionary	akwụkwọ nkọwa
Eraser	Nchicha
Glue	Gluu
Letters	Leta
Lunch box	Igbe nri ehihie
Markers	Akara odide
Numbers	Ọnụ ọgụgụ

Page	iruakwụkwọ
Paint brush	iheodide agba
Paint	Agba
Papers	akwụkwọ
Pen	mkpịsị ode akwụkwọ
Pupils	Ụmụakwụkwọ
Puzzle	ihe mgbagwoju anya
School bus	Ụgbọ-ala Ụmụakwụkwọ
School	Ụlọ akwụkwọ
Science and Technology	Nka n'uzu
Scissors	Mkpa
Shapes	odịdị
Shoe	apkukpo Ukwu
Student	nwata akwụkwọ
Swing	ihe nfegharị Ụmụakwụkwọ
Table	okpokoro
Teacher	onye nkuzi
Test Result	akwụkwọ Osisa ule
Toys	ihe egwuregwu
Univeristy	Mahadum

11.4 Health and Wellness

Health/Wellness:

Accessible	Ụzọ mbanye
Ache	Ahụ mgbu
Addiction	mmara ahụ
Addictive	ihe mmara ahụ
Alcohol	mmanya ọkụ

Allergy	nke ahụ anataghị
Appetite	agụụ
Aspirin	aspirin
Attending doctor	dọkịta n'elekọta
Bed rest	ezumike nke akwa
Blood test	Ule Ọbara
Blood	Ọbara
Bone	Ọkpụkpụ
Broken	Mgbaji
Bruise	Ọnya
Caplet/tablet	Mkpụrụ Ọgwụ
Cast	Nkedo (Ọkpụkpụ)
Clean	ịdị ọcha
Clinic	Ụlọ Ọgwụ
Cold	Onyi
Consulting doctor	dọkịta anajụ ese
Cough	Ụkwara
Crutch	klọch
Cut	mmeru ahụ
Deaf	ntiike
Dentist	dọkịta eze
Diarrhea	afọ ọsịsa
Diet	nri ahụike
Dizzy	anya ịtụgharị/ibu ajụ
Duty doctor	dọkịta nọ ọrụ
Effervescence tablet	Mkpụrụ ọgwụ n'agbọ ụfụfụ
Examination	Nyoocha ahụ
Exercise	mmeghari ahụ

Eye drops	ihe ntunye anya
Eye exam	Nyoocha anya
Face mask	ihe nkpuchi ihu
Family doctor	Dọkịta Ezinụlọ
Fever	ahụ ọkụ
Fever	iba
First aid	Mgbata ọsọ enyemaka mbụ
Flu	Flu
Headache	isi ọwụwa
Indigestion	afọ mgbu
Infection	ọrịa
Injection	ọgwụ ọgbụgba
Injury	mmerụ ahụ
Lotion	ude mmiri
Madness	ara
Massage	ịhịa aka n'ahụ
Medication	Ọgwụ
Muscles	Anụ ahụ
Nurse	Nọọsụ
Oral rinse	ịgba ịtụcha
Pain	ụfụ/mgbu
Painful	na-egbu mgbu
Pharmacist	Onye mmepụta Ọgwụ
Powder	nzu otite
Prescribe	nye atumatu ọgwụ
Prescription	atumatu ọgwụ

Rash	Ọkọ
sense	ako
stamina	ike
Shot	igba ogwu
small pox	kitikpa
measles	arubara bara
Sneeze	izeuzere
Sore	Ọnya
Stretcher	iheibummadụ
Surgeon	Dọkịta na-awa ahụ
Vacation	ezumike/nzumike
Virus	nje ọrịa
Vomit	igbọ agbọọ
Waiting room	Ebe/Ụlọ nchere
Yellow fever	iba anya odo
others	ndị ọzọ
Are you okay?	ị dịkwa mma?
I am sick	arụ adịghị m ike
I need a doctor	a chọrọ m dibia oyibo
Help	enyemaka
Call the ambulance	kpọọ ambulans
Call the police	kpọọ ndị uwe ojii
Ambulance	ambulans
Doctor	dibia oyibo
Hospital/Clinic	ụlọ ọgwụ
Pharmacy	ebe a na-ere ọgwụ
Stomach Ache	afọ mgbu

11.5 Traditional Government (Ochichi Odinala)

Crime and punishment

Witness	Onye akaebe
Voter's card	Akwụkwụ ntụnye aka
To cool	iju oyi
corpse	ozu
Revenge	nmegwara
Vote	ntụnye aka
Suspect	onye ana-enyo enyo
State government	Gọomentị steeti
Queen	Lọlọ/Eze nwanyị
Prison	mkpọrọ
Princess	Adaeze
Prince	Nwa eze
President	Onye isi ala
Politician	Ndị ndọrọ ọchịchị
Police officer	onye uwe ojii
Local government	Gọomentị ime obodo
King	Eze
Judge	Ọka n'ikpe
Jail	nga
Handcuffs	ihe ntuchi aka
Gun	Egbe
Government	Ọchịchị
Footprint	akara nzọ ụkwụ
Greedy person	Onye anya ukwu
poverty	ogbenye

Fingerprints	akara mkpịsị aka
Federal government	Gọọmentị etiti
Election	nhoputa ndị ọchịchị
Detective	onye na-achoputa ihe
Defense attorney	Onye ọka ikpe na-agbachitere
Defendant	onye na-agbachitere
Court reporter	onye nta akụkụ ụlọ ikpe
Court	Ụlọ ikpe
confiscate	ntukpu
break/yank	igbaji
Scam	ngwucha
Chisel/Grind	ikpọchapu/ịkwọbi.
Bribe	aka azu
whisper	igba izu/izu
Confusion	wuru wuru
Forgiveness	mgbaghara
Fight	ọgụ
Fraud	wayo
Swindle	ịghọgbu
Cry	akwa
Law	iwu
Wrongdoing	mmebi iwu
Offense/breaking the law	ịda iwu
Badge	Baaji
Accused	onye eboro ebubo
Phlegm	ajo aso/onu mmiri
Gold digger	Anyaoku/Okuelu
Troublemaker	Onye-ocho-nga-n'oko

Exercise

1. Write down the term of following family members in Igbo words
   a. Siblings   _____
   b. Grandfather   _____
   c. Aunt   _____
   d. Cousin   _____
   e. Uncle   _____

2. Write down the gender term of following family members in Igbo words
   a. Husband   _____
   b. Wife   _____
   c. Daughter   _____
   d. Son   _____
   e. Sister   _____

3. Mention four household items you know in Igbo words.

   _____

   _____

   _____

   _____

4. What are the Igbo words for the following?
   a. Washing machine   _____
   b. Wash your hands   _____
   c. Wash your face   _____
   d. Watch TV   _____

e. Wash your hair   _____

5. Match the following with appropriate Igbo words
(a). onye nta akụkụ ụlọ ikpe   Accused
(b). Ụlọ ikpe   Badge
(c). Ntukpu/Ntuchi   Confusion
(d). igbaji   whisper
(e).. ngwucha   break/yank
(f). ikpọchapu/ịkwọbi.   Scam
(g). bribe   aka azu

(h). igba izu/izu   Chisel/Grind
(i). wuru wuru   confiscate
(j). Baaji   Court reporter
(k). onye eboro ebubo   Court

ELISHA O. OGBONNA

Chapter Twelve

People, Travel and Lifestyle (Ejirimara naỌrụaka)

12.1 Place, Travel and Location (Aha obodo)

Liberia	Obodo Liberia
Nation	Ala mba
National	Nke Ala
International	Nke gbasara ala di iche iche
Passport	Akwụkwọ Njem
Travel	Njem
City	Obodo
Town	Obodo
Village	ime obodo
Foreign currency	Ego oyibo/ego mba ozo
Place	Ebe
Land	Ala

Language

Chinese Language	asụsụ ndị china
Dutch	asụsụ ndị jemanị

English Language	asụsụ ndị bekee
French Language	asụsụ ndị french
Greek Language	asụsụ ndị Greece
Hausa Language	asụsụ ndị Awụsa
Hindi Language	asụsụ ndị India
Igbo Language	asụsụ ndị Igbo
Italian Language	asụsụ ndị Italy
Japanese Language	asụsụ ndị Japan
Portuguese Language	asụsụ ndị Portugal
Russian	asụsụ ndị Russia
Spanish	asụsụ ndị Spain/Panya
Yoruba Language	asụsụ ndị Yoroba

Profile/Correspondence:

E mail	Imel
Identification	Ifejimaragị
date	Ubochi
number	Nomba/Onu-ogugu
edit	I meghari / Imeghari
pending	Ka na bia / Kanabia
system	Sistemu/ Orunotu
Letters	Leta

Travelling terms

Transportation	njem
Transaction	azụmahịa
car	ugbo ala
airplane	ugbo elu

ship/boat	ugbo mmiri
cash/money	ego
change	mgbawe (none monetary)
coins	ego igwe
Cab/Taxi	Tazi
Bus	Bọọsụ
Hotel	Ụlọ oriri na nkwari ahụ
Restaurant	Ụlọ oriri na ọghụghụ
Reservation	mgbachi ọnọdụ
Airport	ọdụ ụgbọelu

Travel Conversation:

What do you have for your travel?	Kedụ ihe iji eme njem?
I have my passport	Enwere m akwụkwọ nje mu.
Do you have a place to spend the night?	Ị nwere ebe nke onodu abali a?
I have a reservation	Etinyere mgbachi ọnọdụ mu.
Do you have rooms available?	ị nwere ime ụlọ mbanye fọrọnụ?
Yes, we do. Do you have any preference?	Ee, anyị nwere. Ị nwere ọchịchọ pụrụ iche?

I would like a non-smoking room	a chọrọ m ebe adịghị ese awnụrụ.
How much it costs per night?	ego ole bụ otu abalị?
I am hungry. Where is the restaurant?	Agụ na-agụ m. Kedụ ebe ụlọ oriri Unu dị?
Server/Waiter	onye mbunye nri
How much is this?	ihe a abụ ego ole?
What is this?	gịnị bụ ihe a?
It is soup and bread?	Ọ bụ ofe na achịcha
Do you want to have one?	Ị nwere mmasị nna ya?
Yes, please!	Ee! Please butere ya.

12.2 Career and Occupation

List of occupations

Accountant	onye mgbakọ ego
Actor	omee ihe nkiri nwoke
Actress	omee ihe nkiri nwanyị
Artist	omenka
Attorney	Onye ọka iwu
Banker	onye ọrụ ụlọ akụ
Barber	Ọkpụ isi

Bartender	Ore mmanya
Builder	onye na-ewu ụlọ
Businessman	oji ego achụ nta ego
Cashier	onye nnata ego
Chef	Osinri
Coach	onye nkuzi
Construction worker	Onye ọrụ ụlọ/ụzọ
Cooworker	onye ọrụ
Dentist	Dọkịta eze
Designer	onye mmebe/ọkwa akwa
Developer	onye nrụpụta ihe
Dietician	onye dibịa nri
Doctor	Dọkita
Economist	onye okwekọ ego
Editor	Onye ndezi akwụkwọ
Electrician	Onye ntinye ọkụ
Engineer	Ịnjinịa
Farmer	onye ọrụ ugbo
Filmmaker	Onye na-eme ihe nkiri
Fireman	onye omenyụ ọkụ
Fisherman	onye na-akụ azụ
Flight attendant	onye na-eje ozi ụgbọ elu
Football player	onye egwuregwu bọọlụ
Gardener	onye ndozi ubi
Housekeeper	onye na-elekọta ụlọ
Hair dresser	onye na-edozi isi
Judge	onye ikpe
Lawyer	onye ọka iwu
Magician	onye anwansi
Musician	onye egwu

Nurse	nọọsụ
Nutritionist	dibịa na-akọwa nri
Optician	dibịa anya/dọkịta anya
Painter	onye na-ete agba
Pharmacist	onye mmeputa ọgwụ
Photographer	onye na-ese foto
Physician	dibia/Dọkịta
Pilot	onye na-anya ụgbọ elu
Plumber	onye ọrụ igwe mmiri
Police officer	onye uwe ojii
Politician	onye ndọrọ ọchịchị
Professor	onye ọkammụta
Psychologist	onye ọka mmụta uche
Receptionist	onye na-anabata ndị ọbịa
Salesperson	onye na-ere ahịa
Scientist	ọkammụta sanyensi
Secretary	ode akwụkwọ
Soldier	onye agha
Student	nwata akwụkwọ
Surgeon	dọkịta na-awa ahụ
Teacher	onye nkuzi
Trainer	onye nkuzi
Native doctor	dibia anya nzu
Translator	onye ntụgharị okwu
Undertaker	onye na-ebu ozu
Veterinarian	dibia umu anumanu
Waiter	onye na-ebu nri nwoke
Waitress	onye na-ebu nri nwanyị
Writer	odee

Exercise

1. Write down the following travel term in Igbo words
   a. Email _____
   b. Passport _____
   c. Village _____
   d. Airport _____
   e. Airplane _____

2. Write down the following occupation in Igbo words
   a. Editor _____
   b. Actor _____
   c. Designer _____
   d. Barber _____
   e. Doctor _____

3. What do you understand by the following eat-out conversation?
(a). ihe a abụ ego ole?

_____

(b). gịnị bụ ihe a?

_____

(c). Ọ bụ ofe na achịcha

_____

(d). Ee! Please butere ya.

_____

4. What are the Igbo words for the following?
a. Playground　　　　　　　　_____
b. Celebration　　　　　　　　_____
c. Park　　　　　　　　　　　_____
d. Birthday　　　　　　　　　_____

5. Match the following with appropriate Igbo words
(a). onye ndozi ubi　　　　　　Painter
(b). onye na-elekọta ụlọ　　　　Nutritionist
(c). Onye ikpe　　　　　　　　Musician
(d). onye ọka iwu　　　　　　　Nurse
(e). onye anwansi　　　　　　　Housekeeper
(f). onye egwu　　　　　　　　Judge
(g). nọọsụ　　　　　　　　　　Magician
(h). dibịa na-akọwa nri　　　　　Optician
(i). dibịa anya/dọkịta anya　　　Lawyer
(j). onye na-ete agba　　　　　　Gardener

Index

Adjective, 57
  Comparative, 118, 119
  Superlative, 123
  Demonstrative 58
  Irregular, 122
Adverb, 58, 59
Affixes, 84, 85, 92
Airport, 39
Alcohol, 176
Allergy, 176
Alone, 37
Alphabet, 17, 18
Amphibians, 164
Animals
  Domestic, 161
  Gender, 165
  Wild, 162
Assistance, 39
Away, 37, 72, 99, 117
Bathtub, 172
Beauty, 154
Bed, 26, 60, 173
Bedroom, 172
Birds, 164
Birthday, 40, 175, 192
Book, 175
Boyfriend, 34
Bribe, 181
Bugs, 165
Career, 188
Celebration, 175
Cherish, 43
Christmas, 40
Clock, 140
Colours, Vii, 147, 148, 150

Come, 33
Complete, 43
Congratulations, 41
Congulatulations, 40
Conjunction, 56
Connection, 41
Consonant
  Elision, 24
  Letters, 20
Conversation, 33, 35, 187
Cook, 27, 53, 70
Correspondence, 186
Cry, 181
Cute, 42
Dance, 37, 53, 70
Daughter, 169
Diacritics, 25
Dictionary, 175
Doctor, 35
Door, 40
Dressing, 153, 154
Drink, 54, 70, 72, 73, 85, 112
Easter, 40
Enter, 54, 70
Eventualities, 37
Excuse, 35
Family, 169
Fantastic, 42
Fashion, 154
Father, 169
Fever, 177
Fingerprints, 180
Fire, 37, 99, 147
Food, 47, 141
Forgive, 37

Friend, 34
Friends, 169
Fruits, 142, 143
Fry, 18, 54, 70
Girlfriend, 34
Go, 33
God, 38, 114
Good
   Afternoon, 33
   Evening, 33
   Morning, 33
   Night, 34
Goodbye, 34
Gorgeous, 42
Government, 179
Health, 176
Hello, 33, 35, 44, 61, 112
Home items, 172
Hot, 42, 46, 57
House, 20, 39, 60, 78, 83, 86, 118, 121, 123, 125, 129
   Human Body, 153
   Inner Organs, 154
Husband 34, 35
Insects, 165
Interjection, 61
   Approval, 62
   Attention, 62
   Greeting, 61
   Joy, 61
   Surprise, 62
Job, 41
Journey, 37, 41
Laugh, 43, 54, 70
Lawyer, 35
Lifetime, 43
Love, 42, 43, 45, 48, 49, 97

Massage, 178
Message, 42
Mother, 169
Na usesage 125
   Auxilary Verb, 126
   Conjunction, 128
   Main Verb, 126
   Preposition, 128
   Reported Speech, 129
Name, 36
Nature, 147
Negation, 87
   Command, 90
   Present and Past, 87
   Present Continuous and Future, 89
New Year, 40
Noun, 47
   Abstract Noun, 48
   Collective Noun, 48
   Common Noun, 48
   Compound Noun, 48
   Concrete Noun, 48
   Countable Noun, 48
   Proper Noun, 48
   Uncountable Noun, 49
Number
   Cardinal, 135
   Multiplicative, 138
   Ordinal, 137
   Partitive, 138
   Collective, 139
Occupation, 188
Pardon, 37
Parents, 169
Park, 175
Passport, 185, 191

People, 169
Phone, 173
Playground, 175
Please, 33, 34
Plural
   Collective Nouns, 115
   Conjunction, 116
   Morphemes, 111
   Quantifier, 112
   Reduplication, 116
   Sensitive Verbs, 117
Police, 38, 99, 179
Pray, 54, 70
Precious, 43, 46
Preposition, 59
Pretty, 42
Prince, 180
Princess, 180
Prison, 180
Problem, 39
Profile, 186
Promise, 39
Pronoun, 49
   Demonstrative, 51
   Emphatic, 52
   Impersonal, 51
   Personal, 50
   Possessive, 51
   Subject, 50
Punctuation
   Apostrophe, 97
   Colon, 97
   Comma, 96
   Ellipsis, 100
   Exclamation, 99
   Full Stop, 95
   Hyphen, 98

Parentheses, 98
Question Marks, 96
Quotaation Marks, 98
Semi-Colon, 96
Slash, 99
Punctuation, 95
Radiant, 42
Remember, 21, 54, 70, 72, 73
Restaurant, 39, 188
Romance, 171
Shapes, 147, 148, 176
Sing, 54, 70, 89
Sleep, 36, 54, 70
Slowly, 37
Son, 169
Sorry, 35
Speak, 36, 37, 41
Stop, 38
Student, 35, 39
Stunning, 42
Sunshine, 43
Swallow, 54, 70, 72
Tense, 69
   Future Continuous, 83
   Future, 82
   Past Continuous, 79
   Past Perfect, 80
   Past, 77
   Present Continuous, 74
   Present Perfect, 76
   Simple Future, 82
   Simple Past, 77
   Simple Present, 71
Thank, 33, 35
Think, 36, 43
Thoughts, 43
Toilet, 37

Tomorrow, 36
TonalAccent Marks, 25
Travel, 185
Treasure, 43
Understand, 35, 37
Unemployed, 35
Verb, 18, 22, 25
  Main Verb, 125
  Verb Form, 71
  Verb Root, 69
  Auxillary Verbs, 55
  Infinitve Verbs, 53
  Linking Verbs, 55
  Verb Form Usage, 69
  Assimilation, 21
  Elision, 21, 23

Heavy Vowel, 19
Light Vowel, 19
Vowel Harmony, 19
Nasalized Vowels, 25
Wait, 37, 54, 70, 83, 90
Wash, 54, 70, 80, 82
Weather, Vii, 147
Wedding, 171
Week Days, 139
Welcome, 33, 44
Well-Done, 33, 44, 112
Wellness, 176
Wife, 34
Work, 41, 54, 70, 81, 98
Worms, 165

COMPREHENSIVE IGBO LANGUAGE

ELISHA O. OGBONNA